음란한 인문학

2017년 5월 29일 초판 1쇄 발행

지은이 · 이봉호

펴낸이 · 김상현, 최세현
편집인 · 정법안
책임편집 · 손현미, 김유경 | 디자인 · 최우영

마케팅 · 권금숙, 김명래, 양봉호, 임지윤, 최의범, 조히라
경영지원 · 김현우, 강신우 | 해외기획 · 우정민
펴낸곳 · (주)쌤앤파커스 | 출판신고 · 2006년 9월 25일 제406-2006-000210호
주소 · 경기도 파주시 회동길 174 파주출판도시
전화 · 031-960-4800 | 팩스 · 031-960-4806 | 이메일 · info@smpk.kr

ⓒ 이봉호(저작권자와 맺은 특약에 따라 검인을 생략합니다)
ISBN 978-89-6570-471-3 (03300)

쌤앤파커스(Sam&Parkers)는 독자 여러분의 책에 관한 아이디어와 원고 투고를 설레는 마음으로 기다리고
있습니다. 책으로 엮기를 원하는 아이디어가 있으신 분은 이메일 book@smpk.kr로 간단한 개요와 취지,
연락처 등을 보내주세요. 머뭇거리지 말고 문을 두드리세요. 길이 열립니다.

음란한
인문학

금기와 억압에 도전하는
원초적 독법

이봉호 지음

쌤앤
파커스

섹슈얼리티로
세상 읽기

인문학은 '무겁고 심각하다', '복   005
잡하고 어렵다'는 부정적인 이미지를 갖고 있다. 엄숙하고, 고풍
스럽고, 고차원적이라는 의미와 상통한다. 하지만 인문학은 그런
것이 아니다. 인간의 품격을 높여주면서 인간 내면의 가려운 곳
까지 긁어줄 수 있어야만 한다.

여기서 '가려운 곳'이 등장한다. 인문학은 인간의, 인간에
의한, 인간을 위한 학문으로, 인간과 관련된 근원적 문제를 해결
한다. 그러기 위해서는 인간의 그늘마저도 끌어안을 수 있어야
한다. 그늘이란 무엇인가? 소수자나 유색인종에 대한 금기, 억압,
차별, 편견 등이 이에 해당한다. 나는 인문학의 그늘, 그중에서도
가장자리에 위치한 대중문화를 글감으로 골랐다.

인문학에도 적자와 서자가 존재한다. 아버지를 아버지라 부르지 못했던 홍길동처럼, 서열 위주로 돌아가는 고리타분한 사회에서 대중문화는 늘 뒷자리를 지켜왔다. 이제 그들을 음지에서 양지로 끌어올릴 차례다. 세상의 잘못된 생각들을 속속들이 들추어내야 한다. 왜 대중문화가 저급하다는 취급을 받아야 했는지, 왜 교양으로서 환영받지 못했는지, 대중문화가 성을 다루면 왜 음란하다며 멸시 받아야 했는지 파헤쳐보자는 것이다.

책에 등장하는 음란 서생들: 그들은 늘 음지에서 뜨거운 전복의 생을 꿈꾼다. 비록 혁명까지는 아니더라도 그들이 없었다면 삶은 참으로 무미건조했을 것이다. 사회라는 질박한 테두리 안에서 음란함을 지키고자 투쟁했던 인물들. 그들이 없었다면 삶은 만성적인 욕구 불만의 굴레를 맴돌았을 것이다. 그들이 남긴 빛나는 해방의 흔적들. 비록 시대의 명작으로 남지 못했더라도 그들이 없었다면 삶은 적잖이 따분했을 것이다.

이제 신발 끈을 단단히 동여매고 그들을 만나러 갈 시간이다. 지금까지 음란한 인문학에 대해 가졌던 편견과 몰이해를 잠시 내려놓자. 세상은 준비된 자에게 기회라는 별천지를 선사하는 법. 진리란 문화의 변두리에서 슬며시 고개를 든다는 사실을 잊지 말자. 아무쪼록 책을 덮는 순간 새로운 세상에 눈뜨기를. 부디 세상을 자신만의 시선과 태도로 바라볼 수 있기를 바라면서.

문화중독자 이봉호

Contents

이토록
음란한 인문학이란

음란한 인문학을 맛보려면 먼저   **011**
인문학에 대한 기본적인 이해가 필요하다. 인문학의 역사는 곧
인류 문명의 역사와 함께했다. 변화의 수레바퀴 속에서 끊임없이
새롭게 거듭났던 역사처럼, 인문학도 변화에 변화를 거듭해왔다.

인문학의 출발은 기원전 5세기 무렵으로 거슬러 올라간다.
당시 소피스트Sophist라고 불리던, 그리스를 중심으로 활동한 철
학가들은 젊은이들을 도시국가의 시민으로 성장시키고자 노력했
다. 그 과정에서 철학, 문법, 음악, 지리학, 수사학 등의 학문이 동
원되었다. 모든 학문이 곧 인문학이라고 불리던 시대였다. 인문학
자로 잘 알려진 마르쿠스 툴리우스 키케로Marcus Tullius Cicero는 자
신의 저서를 통해서 인간 본성을 의미하는 라틴어인 '후마니타스

Humanitas'로 인문학을 정의했다.

르네상스 시대에 이르자 인문학은 변화를 맞는다. 당시 학문적 가치가 신에서 인간 중심으로 이동하기 시작한 것이다. 즉, 르네상스 인문학은 인간의 정신을 고귀하고 가치 있게 만드는 학문이었다. 19세기에 들어서는 자연의 합법칙성을 객관적으로 탐구하려는 자연과학의 시대가 열렸고, 이 시대의 인문학은 자연과학과 궤적을 달리한다. 과학의 무한한 발전 속에서 인간 가치의 중요성을 강조하는 인문 정신의 발로였다.

제2차 세계대전 이후 대학들이 기하급수적으로 늘어났다. 대학의 증가란 학문의 분업화를 의미하기에 인문학 이외의 학문이 본격적으로 등장하기 시작했다. 일반교양을 의미하던 인문학이 인문과학, 사회과학, 자연과학으로 나뉘었다. 인문학의 범주가 이전보다 좁아지고 세분화하는 시기였다.

인문학은 시대뿐만 아니라 국가에 따라서 조금씩 의미를 달리했다. 한국의 경우 문·사·철, 즉 문학, 역사, 철학이라는 세 가지 학문으로 이해되곤 한다. 미국은 이것 외에도 예술을 인문학에 포함한다. 프랑스는 역사와 철학 이외에 사회학을, 독일은 심리학을 포함한다. 이렇게 인문학은 광범위한 학습을 전제로 한다. 사람들이 인문학 공부가 난해하다고 여기는 이유가 여기에 있다. 실용 학문인 법학이나 경영학처럼 단기간에 결과물을 얻어내기가 힘든 학문이기 때문이다.

안녕하십니까, 대중문화입니다

인문학에 또다시 새로운 변화의 바람이 불어온다. 대중문화라고 일컫는 20세기 최고의 발명품이 등장한 것이다. 이를 토대로 영국 버밍엄학파는 문화연구라는 새로운 인문학 체계를 정립한다. 버밍엄학파란 문화비평가 리처드 호가트Richard Hoggart가 1964년 영국 잉글랜드의 웨스트미들랜즈 버밍엄대학교에 설립한 문화연구소다. 이들은 포스트모더니즘과 후기 구조주의, 비판 이론, 페미니즘을 포함한 다양한 이론들을 학문적 소재로 차용하는 성과를 거두었다. 대중문화가 인문학의 소재로 등장하는 중요한 순간이었다. 권력자들만이 향유하던 문화가 대중에게로 넘어오는 시대가 도래했다.

한편 영국 출신의 문화연구학자 존 스토리John Storey는 대중문화에 대해서 흥미로운 정의를 내렸다. 그는 대중문화란 18세기 말부터 20세기 초에 지식인들이 민족주의, 낭만주의, 민속학, 민요 등을 기반으로 '창안'한 개념이라고 말했다. 그 과정에서 두 가지 형태의 대중문화가 나오는데, 신화화된 시골의 '민속문화'와 산업사회에서 생겨난 도시 노동계급의 '군중문화'가 그것이다.

존 스토리가 주장하는 20세기 중반 이후의 대중문화란 어떤 함의를 지닐까? 그는 인간이라는 보편적 맥락에서 대중문화의 세계화와 지역화를 아우르는 시각이 필요하다고 설명했다. 즉, 대중문화란 인류를 위해서 존재하는 것이며 국가와 지역의 특성에

따라 이를 평가하거나 차별하는 시각을 배제함을 의미한다. 대중
문화가 문명의 발전으로 인간의 절대가치를 훼손해서는 안 된다
는 학제적 전언을 내린 셈이다. 이제 대중문화를 무시한 채 인문
학을 논하던 시대는 지났다. 지식인만의 소유물이던 인문학이 눈
높이를 내려야 하는 시대가 도래한 것이다.

음란한
인문학의 시대

여기 미디어의 탄생과 맥락을 함
께해온 또 다른 형태의 대중문화가 존재한다. 바로 '성性문화'라
고 일컫는 음란한 인문학이다. 섹스를 둘러싼 담론은 두 가지 얼
굴을 가지고 있는데, 첫째가 결혼이라는 제도적 테두리 안에서
벌어지는 담론이다. 인간이 스스로 결혼이라는 사회적 장치를 통
해 성적 행위를 통제한다는 의미다. 둘째는 결혼 제도를 논외로
두고 벌어지는 모든 성 담론을 말한다. 독일 철학자 위르겐 하버
마스Jurgen Habermas 식으로 말하자면 성을 둘러싼 수많은 잣대와
구별 짓기가 횡행하는 일종의 사회적 공론장이라 할 수 있다. 책
에서는 두 가지 담론을 모두 다룰 것이다.

우리가 주목해야 하는 것은 미디어 발전의 효시가 바로 성
문화라는 점이다. 인터넷 사용자의 30퍼센트 이상이 섹스와 관
련된 이미지와 동영상에 중독되어 있다는 사실이 이를 입증한다.
TV와 영화를 포함한 미디어의 비약적인 발전은 섹스 산업과 동

맹 전선을 맺은 지 오래다. 대중은 물밀듯이 쏟아지는 섹스 관련 이미지와 정보를 보면서 이를 체험하거나 상상하는 직간접적인 성적 행위를 반복한다.

그럼에도 인간의 일상 속에서 음란한 인문학은 그림자로 존재한다. '음란'의 사전적 의미는 '음탕하고 난잡함'이다. 유혹적이면서 부정적인 어감이 동시에 느껴지는 복잡한 단어다. 그러나 음란이라는 단어만큼 인간의 성문화를 적나라하게 표현하는 것도 없다.

다시 문제는 지나치게 엄숙주의를 표방하는 인문학자들의 근본주의적이고 보수적인 태도다. 실제로 인문학 강의를 하다 보면 성문화와 관련한 대중문화 사례가 자주 등장한다. 수강생들의 머릿속에 자리 잡은 성에 대한 고정관념을 무장 해제하는 데 적지 않은 시간이 걸린다. 사실 그들도 비뚤어진 성문화의 희생양이다. 남성 위주로 해석하는 그릇된 성문화가 가정에서부터 학교, 직장에 이르기까지 사회 전반에서 활개를 치고 있으니 말이다. 애석하지만 인정할 수밖에 없는 불편한 진실이다.

성 담론에 대한 대중문화 사례에 인문학적 해석을 더하는 순간, 나이 지긋한 남자 수강생들의 표정이 일그러지는 경우가 많다. 그들의 얼굴에는 남성이 수천 년간 누려온 기득권을 놓치기 싫다는 고집이 역력히 드러나 있다. 자신의 밥그릇을 도둑질 당했다는 가진 자의 불만이다. 남성으로 태어나는 순간 이미 여

015

성보다 우월한 존재라는 정체불명의 선민의식이 그들에게 내재
하기 때문이다.

　　그러나 학문에는 어떠한 성역이나 금기도 존재해서는 안
된다. 모두가 인정하지만, 누구도 말하려 하지 않는 인문학의 아
킬레스건이 바로 음란한 인문학이다. 이제 음란한 인문학에 대해
모두가 떳떳하게 말해야 할 시간이다. 누군가 토르의 망치를 휘
둘러 성 해방이 만개한 음란한 세상을 만들 것인가? 아니면, 프랑
스 대혁명처럼 시민들을 중심으로 음란함을 만천하에 선포할 것
인가? 말처럼 쉽지 않은 일이다. 시대가 바뀌고, 대통령이 바뀌고,
문명이 털갈이해도 고정관념에 갇힌 성문화는 쉽사리 문을 열어
주지 않는다. 세상을 움직이는 자리에는 여전히 남성이 높은 비
율로 차지하고 있기 때문이다.

그렇다면
나무를 보라

　　　　　　　　　인문학의 치명적인 매력은 바로
해석에 있다. 제대로 된 해석을 하려면 사전지식이 풍부해야 한
다. 지식을 오로지 지식 수준에서 끝내면 인문학으로서 의미를
잃게 마련이다. 무릇 지식은 지혜로 승화되어야 한다. 지혜는 다
시 행동으로 탈바꿈해야만 사회적 가치를 발휘한다.

　　본격적으로 20세기 이후 대중문화를 중심으로 형성된 음
란한 인문학을 소개할 것이다. 문학, 역사, 철학, 미술, 영화, 인물,

사건·사고 등을 통해 음란함이 가진 여러 가지 모습과 마주칠 것이다. 그 길목에서 머릿속을 혼란스럽게 만드는 음란한 사건들이 속속 등장한다. 가끔은 통쾌하고, 가끔은 혼란스럽고, 가끔은 받아들이고 싶지 않은 논제와 맞닥뜨릴 수 있다. 시작하기도 전에 긴장할 필요는 없다. 그동안 사회가 우리에게 심어놓은 음란하지 않은 정신들을 내려놓겠다는 각오면 충분하다.

스페인 출신의 전설적인 건축가인 안토니 가우디Antoni Gaudí는 똑바로 서 있는 나무에서 예술적 영감을 얻었다고 한다. 나무에서 가지들이 나오고, 가지들에서 잔가지들이, 또 그 잔가지들에서 잎이 나온다. 그렇게 모든 부분이 조화를 이루면서 나무가 무럭무럭 자란다. 음란한 인문학도 마치 한 그루의 커다란 나무와 같다. 지금부터 이 거대한 나무에서 뻗어나온 다채로운 가지와 잎사귀를 마음껏 즐기기 바란다. 이로써 인문 정신에 기반한 자기다움, 즉 세상을 바라보는 자기만의 시선과 태도를 갖게 될 것이다.

017

PART 1

금기
깨어나 본능을 마주하다

누구도 섹스를 직설적으로 논하지 않는다. 포르노 영화, 성애 문학, 에로틱 예술 등은 섹스의 변형된 표현이다. 이들은 모두 섹스를 묘사한다는 이유로 금기의 희생양이 되었다. 금기를 획책하는 자도, 금기를 범하는 자도 섹스에 집착하는 인간일 따름이다.

금기를 향해
한 걸음 더

나 자신이 대견스러웠다.
나는 미성년자의 정조를 더럽히지 않으면서
꿀맛처럼 다디단 쾌감을 몰래 맛본 것이다.
그녀에게 조금도 해를 끼치지 않았다.

블라디미르 나보코프(1899~1977)

지배자는 자신의 영역을 넓히기 위해 새로운 금기를 만들어내고, 피지배자는 이를 전복하기 위해 혁명과 변화를 시도한다. 금기의 역사를 말할 때 섹스는 약방의 감초처럼 등장하는 존재였다. 인간에게 섹스란 공개적으로는 금지된 놀이였다.

19세기 초반, 영국에서는 남녀를 불문하고 정조대를 사용했다. 성행위를 방지하기 위해 착용하는 정조대는 복합적인 의미를 내포한다. 당시 영국에서는 귀족 집안의 하녀들이 주인의 추행을 피하려고 정조대를 착용했다. 젊은 영국 남자들은 자위행위를 절제하기 위해 정조대를 입어야 했다. 여기 정조대에 버금가는 금기의 대상이 있다. 바로 미성년자와의 성행위다.

러시아 출신의 작가 블라디미르 나보코프Vladimir Nabokov는 1955년 세인들의 아랫도리를 움찔하게 만드는 문학작품을 내놓는다. 소설의 제목은 《롤리타》. 저자는 이 작품으로 일명 롤리타 신드롬Lolita Syndrome을 양산하는 성욕 유발자로 알려진다. 소설 초반에 등장하는 롤리타의 키는 147센티미터, 나이는 고작 13세. 작품의 남자 주인공으로 등장하는 37세의 험버트와 무려 20여 년간 사랑에 빠지는 대상이 바로 험버트의 의붓딸이자 미성년자인 롤리타다.

저자는 미성년자와의 사랑에 명분을 만들기 위해 몇 가지 문화 인류학적 사례를 끌어온다. 동인도의 어떤 곳에서는 사춘기 이전에 결혼하거나 동거하는 경우가 일반적이라든지, 히말라야 산맥 기슭에 거주하는 랩차족은 어린 여자아이와 성교해도 무방하다든지, 시인 알리기에리 단테Alighieri Dante가 9세의 아이를 열렬히 사랑했다는 내용이 그것이다. 저자는 자신의 작품이 패륜 소설이라 불리는 오명을 피하려고 역사적 사례를 소설에 첨가한다.

그럼에도 그들의 사랑이 범법 행위임은 명백하다. 미성년자 대상 성행위로 험버트에게 내려질 법적 처벌 수위를 살펴보자. 일반적으로 미성년 대상 범죄자는 일반 범죄자와 비교하여 가중 처벌을 받는다. 한국의 경우, 미성년자란 만 19세에 달하지 않은 자를 의미한다. 심신의 발육이 충분치 않아 판단 능력이 부족하므로 민법상 행위 무능력자로 본다. 게다가 미성년자는 친권자 또는 후견인으로 불리는 법정대리인을 두어야 한다. 만약 험버트에게 우리나라의 법을 적용한다면 그는 심신 발육이 미숙하고 판단 능력이 떨어지는 의붓딸과 성교한 미성년자 성추행범에 해당한다. 형법으로 접근하자면 그는 10년 이하의 징역 또는 1,500만 원 이하의 벌금형이 내려지는 범법자다.

여기서 끝이 아니다. '청소년 성 보호에 관한 법률 시행령'에 따르면, 청소년을 상대로 성범죄를 저지른 이는 관보와 청소년보호위원회의 인터넷 홈페이지에 6개월간, 정부종합청사와 16개 시·도 게시판에 1개월간 이름, 나이, 직업, 주소, 범죄 내용 등이 게재된다. 험버트 같은 성범죄자의 일상이 국가와 국민의 감시를 받게 되는 것이다. 미성년자 대상 성범죄는 중형에 가까운 법적 처분이 가해지는데, 이는 일정 기간 감옥에 갇히는 형벌만으로 죗값을 치르기에는 부족하다는 뜻이다. 여기까지가 국내법에서 정하는 롤리타와 험버트 간의 성행위에 관한 처벌 내용이다.

롤리타 이미지의
현대적 재현

소설의 시대적 배경이 1950년대라 해도 대학교수로 재직하던 저자가 이것이 크게 논란을 빚으리라는 사실을 몰랐을 리 없다. 저자는 소설에 그려진 비윤리적 상황을 극복하려고 곳곳에 은유와 환유라는 장치를 깔아놓는다. 소설의 현실적 불가해성을 무력화하기 위해 문학적 도구들을 백분 활용한 것이다.

저자의 영민한 소설 기법이 통한 것일까? 이 작품은 내용의 파격성에도 수십 개국에서 번역되어 무려 1,500만 부가 넘는 판매고를 기록한다. 어쨌든 이 작품은 남자 주인공의 과거 회상과 환상적이고 난해한 표현 기법을 동원하여 금지된 사랑을 보편적인 상황으로 정당화하는 데 성공한다. 〈뉴욕타임스〉 북리뷰가 선정한 '20세기 명작 76권'에 당당히 이름을 올리기도 하지만, 그럼에도 외설 소설이라는 딱지를 완전히 떼지는 못한다.

그렇다면 롤리타 신드롬은 출간 당시에 벌어진 일시적인 현상이었을까? 결론부터 말하자면 전혀 그렇지 않다. 세계 곳곳에서 롤리타 신드롬에 필적하는 상황이 반복되고 있다. 법의 허술한 울타리를 벗어나 소위 '영계'라 일컬어지는 어린 이성에 대한 성적 일탈 행위가 버젓이 벌어지고 있다.

한국의 걸그룹이 이를 방증한다. 귀엽고 청순한 콘셉트의 일본 걸그룹 이미지에 섹시 코드와 신체 노출을 적당히 버무린 한국 걸그룹은 롤리타 신드롬의 음악적 재현이다. 그녀들은 영화 '쇼걸'에 등장하는 스트립 댄서와 다를 바 없는 에로틱한 춤을 무한 반복한다. 20세도 채 안 된 어린 여자아이들의 신체를 마음껏 훔쳐보게 하는 연예기획사들은 한국 음악계의 정신적 퇴행을 볼모로 돈을 끌어모은다. 한류라는 국위선양적 장치가 제2의 롤리타에 대한 집단 관음증을 정당화한다.

한국의
성 평등 지수

세계경제포럼WEF이 발표한 '세계 성 격차 보고서 2015'에 따르면 한국의 성 격차 지수는 0.651(1에 가까울수록 평등)로, 145개 조사 대상국 가운데 하위권에 속하는 115위였다. 게다가 20대 한국 여성의 자살률은 경제협력개발기구OECD에 속한 국가들의 두 배가 넘고, 50대 여성의 행복 지수는 세계 최하위권에서 맴돌고 있다. 다시 말해 여성으로 태어나는 순간부터 성차별의 족쇄에 단단히 묶여 살아감을 의미한다.

배우 로버트 드 니로Robert De Niro가 주연한 영화 '택시 드라이버'가 떠오른다. 영화에서 창녀로 등장하는 여자(주디 포스터 분)는 롤리타와 동갑내기다. 월남전의 후유증에서 벗어나지 못한 퇴역 군인이자 뉴욕의 택시 운전사인 남자 주인공은 미성년자와 정신적인 유대 관계를 형성하는 데서 그친다. 물론 이들의 관계가 플라토닉한 사랑으로 끝났다 할지라도 문제의 소지는 다분하다. 그들이 연인으로 발전하는 순간, 수십 년의 나이 차는 말 그대로 숫자놀이로 추락하고 만다. 사랑에 국경은 없다지만 법적·사회적·윤리적 잣대가 사랑을 구속하고 재단하는 기준으로 버젓이 존재한다.

소설의 마지막에서 험버트는 자신의 일방적인 사랑으로 롤리타를 행복하게 해줄 수 없다는 사실을 깨닫는다. 그가 10대 때 죽은 첫사랑 소녀를 그리며 선택한 롤리타에 대한 사랑이 자신의

025

욕망에서 비롯됐다는 사실을 깨닫는 대목이다. 롤리타와의 사랑은 이미 흘러간 과거로 남았으며, 남은 것은 험버트의 자책과 회한뿐이다. 저자는 험버트의 일방향적 사랑이 실수였다고 설명하면서 금기된 사랑에 대한 사회적 시선과 양심에 대해 명쾌한 정리를 회피한다.

외설과
예술 사이에서

소설 《롤리타》는 여성에 대한 성적 착취를 반복하는 당시의 현실을 문학으로 완성한 결과물이다. 즉, 소녀 롤리타를 통해서 성인 남성들의 무의식을 지배하는 변태적·성적 욕망을 문학이라는 텍스트로 증명한 셈이다. 즉, 금기와의 총성 없는 전쟁을 반복했던 문화예술의 사생아로 탄생한 작품이다.

작가 박범신은 2010년 장편 소설 《은교》를 발표하면서 롤리타의 영혼을 한반도에 불러들인다. 70세 노시인으로 등장하는 이적요는 17세 소녀 한은교를 만나면서 애증의 감정에 빠져 지독하게 방황한다. 아끼던 제자와 삼각관계에 놓인 이적요는 결국 제자를 교통사고로 죽게 한다. 금기에 대한 집착이 또 다른 금기를 불러낸 것이다. 아쉽게도 《은교》는 《롤리타》의 아성을 무너뜨릴 만한 문학적 반향을 얻지는 못했다.

21세기형 롤리타가 미디어를 통해서 반복 재생산되고 있다는 사실을 모르는 이는 없을 것이다. 다만, 미성숙한 여자아이를 여성으로 대하느냐, 성적 도구로 비하하느냐, 두 가지 모두를 부정하느냐의 문제가 남는다. 살인은 중죄로 여겨져도 전쟁에서 벌어진 살육 행위는 법적 심판을 받지 않는다는 역사적 아이러니가 떠오른다. 지금도 온갖 미디어에서 쏟아져 나오는 롤리타 신드롬은 교묘하게 그 정체를 숨기고 세상을 활보한다. 롤리타의 복장을 한 어린 유령이 여전히 세계 곳곳을 떠돌고 있다.

목구멍
깊숙이

목구멍 깊숙이

당신의 모든 것을 받아들여라.

제라드 다미아노(1928~2008)

흥미로운 아르바이트가 있다. 매
주 한 편씩 영화를 감상한 뒤 흥행 여부를 예측하는 것인데, 이
일의 평균 수명은 사람 당 6개월 남짓이라고 한다. 이유는 영화
감상 횟수가 늘어남에 따라 판단력이 흐려지고, 영화의 예술성에
만 집중하는 학습 효과가 나타나기 때문이다. 어쨌거나 그 결과
를 토대로 상영관 개수를 결정하기도 하고, 외국 영화의 경우 수
입 불가 판정을 내리기도 한다.

천만 관객의 시대인들 손익분기점을 넘는 한국 영화는 기
껏해야 20퍼센트를 넘기기 힘들다. 이 중에서 본전치기하는 영
화를 제외하면 겨우 10퍼센트의 영화만이 흥행에 성공한다. 마치
불황의 늪에서 허덕이는 소규모 자영업자의 생존 방정식을 보는

듯하다. 영화를 제작하는 이들의 염원은 자영업자와 크게 다르지 않다. 즉, 투자액 대비 높은 흥행 수익을 보장하는 영화를 만드는 것이다.

　　미국의 영화 시장을 살펴보자. 영화를 통한 자국 문화의 유통을 성공적으로 수행 중인 패권 국가. 영화 제작의 원조국으로 알려진 프랑스에 이어 냉전 시대 이후 세계 영화계를 쥐락펴락하는 나라. 제2차 세계대전에서 영국 공군이 쓰던 4.5톤의 거대한 폭탄을 상징하는 블록버스터Blockbuster의 전초기지. 이곳에서 향후 수십 년간 깨지지 않는 영화 흥행 기록을 만들어낸 작품이 있었다는 사실을 아는 사람이 몇이나 될까. 1970년대 미국, 거대 자본이 영화 산업에 본격적으로 들어오기 시작한 때에 한 편의 기적이 펼쳐진다. 당시 신화적인 성공을 거둔 영화 '스타워즈 에피소드4'보다 많은 수익을 올린 영화가 탄생한 것이다.

　　'007', '스타워즈' 시리즈 부류의 블록버스터급 영화가 아니었다. 놀랍게도 '목구멍 깊숙이'라는 하드코어 포르노물로, 제작비 2만 5천 달러를 들여 6억 달러를 벌어들인 초대박 상품이었다. 불과 6일 동안 미국의 숙박업소를 전전하며 완성된 이 노골적인 섹스 영화는 1972년 뉴욕 타임스퀘어 부근의 극장에 간판을 걸면서 포르노물의 극장 시대를 여는 문화혁명의 주인공이 된다.

영화관,
집단 수음의 장소

1970년대 초반 미국은 냉전 시대에서 살아남기 위해 억지 반공 논리를 국민에게 설파하고 있었다. 아니나 다를까 포르노물의 극장 상영이라는, 하위문화의 급습에 놀라 반발을 일으킨 이들이 있었다. 정치가 리처드 닉슨Richard Nixon이 이끄는 보수정당이다. 그들의 반대로 무려 23개 주에서 상영 불가 판정을 받기는 했지만, 제라드 다미아노Gerard Damiano가 감독한 '목구멍 깊숙이'는 방구석에서 은밀하게 즐기던 포르노 문화가 광장으로 나오게 된 역사적인 영화였다.

이 영화는 자유로운 성문화를 금기시하던 보수주의자들의 가부장 문화를 깨뜨린 작은 혁명이었다. 그들은 권력을 무기 삼아 성욕을 충족했지만, 이는 어디까지나 음지에서 비밀리에 행해진 행위였다. 하지만 이 영화를 계기로 대중은 포르노물을 더는 음지에서 즐겨야 할 이유가 없어졌다.

아쉽게도 '목구멍 깊숙이'는 전형적인 하드코어 포르노물의 한계를 벗어나지 못했다. 구강 섹스, 집단 섹스, 항문 섹스를 하는 장면이 영화의 줄거리를 무시한 채 무작위로 등장한다. 그나마 내용을 찾아보자면 클리토리스를 통해서 성적 쾌감을 느끼지 못하던 여자 주인공이 구강 섹스에서 새로운 쾌락을 찾는다는 정도다. 배우들의 연기력은 엉성하고 화질 역시 조잡하기 이를 데 없다.

031

89분이라는 상영 시간의 절반가량이 섹스 장면일 정도로 통속적인 포르노물에 불과한 작품이었다. 그나마 감독이 시도한 이미지즘Imagism을 통해서 관객의 상상력을 끌어내는 장면이 없지는 않다. 남자 배우가 사정하기 직전에 등장하는 타종 장면과 불꽃놀이 장면은 적어도 영화적 표현 방식에 완전히 무지한 작품은 아니라는 가능성을 보여준다. 관객들은 단지 포르노 영화를 극장에서 대형 화면으로 마음 놓고 본다는 사실에 만족했다. 성적 욕구의 배출구가 닫힌 공간에서 열린 공간으로 이동한 일종의 일탈 행위였다.

20세기 후반에 만들어진 포르노 영화는 '목구멍 깊숙이'가 등장했을 때와 내용 면에서 발전한 것이 거의 없었다. 선명한 화질과 세련미가 더해진 육체파 배우의 등장 정도를 제외하면 줄거리를 무시한 채 섹스 장면에 러닝타임을 대폭 할애하는 난교 영화에 지나지 않았다. 감독은 정해진 시간 동안 성적 자극을 최대한 끌어올릴 수 있는 장면을 연출하기 위해 열과 성을 다했다.

근육질의 남자 배우는 반복적인 성행위를 통해서 관객에게 성적 만족감을 선사했다. 거대한 유방을 출렁이며 괴성을 지르는 여배우는 억지스러운 몸동작으로 관객의 성욕을 자극했다. 기업화한 몇몇 포르노 영화사들은 촬영 공간을 따로 확보하여 효율적인 포르노 영상 제작에 몰입하기도 했다. 포르노 영화의 제작자들은 '훔쳐보기'에 대한 인간의 원초적 갈망을 누구보다 잘 알고 있었다.

21세기 포르노 영화의 전망

오늘날 과학의 발전은 인간의 욕망 구조에 큰 영향을 끼쳤다. 인터넷과 휴대폰으로 대표되는 미디어의 급속한 발전이 포르노 영화 산업에도 치명적인 영향을 미친 것이다. 이제 포르노 영화를 소장하기 위해 비디오테이프나 DVD를 살 필요가 없어졌다. 불법 파일을 다운로드하는 일이 쉬워지면서 포르노를 돈 주고 보지 않는 사람들이 늘어났다. 엎친 데 덮친 격으로 자신의 섹스 장면을 촬영하여 유포하기도 한다. 인위적으로 제작한 포르노물은 섹스 미디어에서 2인자로 밀려나는 처지에 이르렀다. 사람들은 실감 나는 섹스 영상을 마음만 먹으면 즐길 수 있는 시대에 살고 있다.

미국에서 포르노 전용 영화관 등장의 신호탄이 되었던 '목구멍 깊숙이'는 흘러간 전설로만 남지 않았다. 2005년에 '인사이드 딥 스로트'라는 다큐멘터리 영화가 개봉하면서였다. 이는 '목구멍 깊숙이'로 세간에 알려지기 시작한 여배우 린다 러브레이스 Linda Lovelace의 이야기를 다루고 있다. 흥미로운 점은 페미니즘적 관점에서 여배우를 해석했다는 사실이다.

그녀는 실제로 남편의 강요와 폭력에 못 이겨 강제로 포르노 영화에 출연했고, 당시 벌어들인 엄청난 수입을 손에 한 푼도 쥐어보지 못한 채 남편에게 모조리 빼앗겼다. 영화는 6억 달러가 넘는 수익을 올렸지만 린다는 겨우 1,250달러를 벌었다고 한다.

033

이후 남편에게서 벗어나 평범한 중산층으로 살려고 했지만 주변의 시선은 차가웠다. 그녀를 저급하고 음란한 탕녀로 보는, 영화와 현실을 구분하지 못하는 사람들이 문제였다. 그들은 미디어가 생산한 성적 세계관에서 헤어나지 못하는 불쌍한 존재였다.

당시 페미니즘을 주장하던 여성들의 공격 대상은 포르노물과 그것이 가진 해악성이었다. 여성을 성적 노리개로 전락시키는 음란물과 포르노 영화에 출연하는 여배우들도 페미니즘의 융단 폭격에서 벗어날 수 없었다. 린다 러브레이스는 반포르노 캠페인에 참여하지만, 여성 운동가들이 자신을 정치적 수단으로만 이용했다고 분개했다.

'목구멍 깊숙이'는 미국 사회의 이중적 단면을 액면 그대로 보여준 우스꽝스러운 영화였다. 극장을 가득 메운 관객은 그녀를 보며 정신적으로 집단 수음 과정을 공유했다. 그러나 우리는 배우이자 평범한 인간이었던 린다 러브레이스의 삶을 통해서 성적 억압과 표출의 이중구조를 동시에 이해하려는 태도가 필요하지 않을까. 억압이란 인간을 일시적으로 압박하는 수단이 될지언정 근본적인 해결 방법이 될 수는 없다. 그녀의 이야기는 2012년에 아만다 사이프리드Amanda Seyfried 주연의 영화 '러브레이스'로 다시 한 번 영화화되어 세상에 알려진다.

불과 십여 년 전만 해도 서울 시내를 돌아다니다 보면 동시상영 극장을 쉽게 만날 수 있었다. 상영작 중 한 편은 말 그대로 벗기는 영화가 대세였다. 마른침을 삼켜가며 보았던 토속 에로물과 '애마부인' 시리즈. 줄거리를 무시한 가위질의 흔적으로 내용을 이해하기 어려웠던 외국산 에로 영화들. 말 그대로 벗는 자와 벗기는 자의 향연이 극장을 찾아온 관객의 성감대를 자극하던 시절이었다.

생각해보면 그때 그 시절에 존재했던 극장은 잊힌 젊음의 옛이야기가 아닐까 싶다. 학창 시절에는 주체할 수 없는 성욕을 건강하게 해소하는 방법을 알지 못했다. 섹스와 자위는 그저 음침한 곳에서 몰래 행하는 일종의 범법 행위와 다름없었으므로. 쫓기듯이 동시 상영관을 들어가던 미성년 친구의 한껏 달아오른 뒷모습이 문득 떠오른다.

그렇게 우리는 태초의 음란한 심성을 잃어버렸다. 민주화를 향한 빛바랜 열정도, 무한 소비만을 꾀하는 경제 발전도, 노동의 결과물인 급여명세서도 잃어버린 세월을 보상해주지 못한다. 그렇게 우린 낡고 음란했던 시절의 추억을 하나둘씩 지워가며 살고 있다.

035

그때 그 시절에 존재했던 극장은
잊힌 젊음의 옛이야기가 아닐까.
무한 소비만을 꾀하는 경제 발전도
잃어버린 세월을 보상해주지 못한다.
우리는 태초의 음란한 심성을 잃어버렸다.

국회로 간
포르노 배우

예술은 작품 자체에 존재하는 것이 아니라,

그 대상을 바라보는 모든 개개인에게 존재한다.

제프 쿤스(1955~)

큼지막한 돌덩이 위에서 남녀가
뜨거운 정사를 나눈다. 체위는 남성 상위. 검정 스타킹을 신은 금
발 여성이 뇌쇄적인 자태로 관람객의 시선을 사로잡는다. 황홀경
에 빠진 두 남녀의 표정이 인상적이다. 그들은 그렇게 영원히 천
국 한가운데서 살고 있다. 작품 제목은 '메이드 인 헤븐', 섹스 행
위를 조각으로 표현한 작품이다. 그 뒤편에는 두 모델이 실제로
섹스하는 사진이 당당하게 걸려 있다. 팝 아티스트 제프 쿤스Jeff
Koons와 열혈 정치가 치치올리나Cicciolina다.

1951년 헝가리 부다페스트에서 태어난 여인이 있었으니,
그녀의 본명은 엘레나 안나 스톨러Elena Anna Staller다. 대학 시절 약

학과 고고학을 전공했으나 학업에 별다른 흥미를 느끼지 못하고 모델 에이전시에 들어가 본격적인 연기 활동을 시작한다. 이후 이탈리아로 거주지를 옮겨 1970년대 초반부터 무려 40여 편에 달하는 포르노 영화에 출연한다.

커다란 입과 매력적인 눈매를 가진 그녀는 순식간에 이탈리아 남성들의 아랫도리를 자극하는 포르노 배우로 인기를 얻는다. 하지만 그녀는 이탈리아에서 알아주는 포르노 배우로 자신의 한계를 정하지 않았다. 그녀에게 세상은 넓고, 할 일은 넘치도록 많았다. 더 넓은 무대에서 활동하기 위해 치치올리나라는 이름으로 개명한 그녀는 포르노 작가와 함께 한 라디오 프로그램에 출연하면서 더 큰 인기를 얻게 된다.

치치올리나는 자신의 명성을 활용하여 정치 인생을 시작한다. 당시 그녀의 나이는 불과 26세였다. 그로부터 3년 후 환경보호를 기치로 하는 이탈리아 최초의 녹색당인 태양당을 창당한다. 새하얀 피부를 가진 헝가리 출신의 여인은 본격적으로 정치인의 길을 걷는다.

**나체로
국회에 나가다**

그녀는 국회의원이 되기 위해 상반신을 노출한 채 선거운동을 진행한다. 뿐만 아니라 충격적인 선거 공약을 내세운다. 나체로 국회에 등원하겠다는 선언은 로마

시민들의 폭발적인 지지를 얻게 된다. 당시 그녀는 정치적 이슈에 포르노 연기를 도입하여 격렬한 찬반양론에 휩싸이기도 한다.

결국, 로마 라지오 지역의 국회의원으로 당선된 그녀는 자신의 정치적 행보가 쇼가 아니었음을 대중에게 각인시켜나간다. 환경 악화의 주범인 원자력 발전에 반대한다는 뜻을 고수했으며, 스모그 문제를 해결하기 위해 자동차에 세금을 부과하는 방안을 지속해서 주장한다. 또 동물 학살을 자행하는 모피 생산의 중단을 주장하고 교도소 내 섹스 허용, 성교육 관련 지침을 만들기 위해서 노력한다.

그녀의 국회의원 당선은 이탈리아뿐 아니라 유럽 각지에서 다양한 정치적 담론을 낳았다. 베니토 무솔리니Benito Mussolini가 주도했던 파시즘 정권 이후 개선될 기미가 보이지 않던 이탈리아 기성 정치인들의 위선과 기만에 대한 반란이라는 의견이 등장한다. 그녀는 당선 이후에도 수년간 포르노 영화에 출연하여 자신의 직업에 진정성을 부여했다. 자신의 과거를 조작하거나 덮으려는 정치가들에게 이골이 난 이탈리아 국민들은 치치올리나를 기행의 대명사가 아닌 존경받는 정치가로 받아들이기 시작한다.

한편 사담 후세인Saddam Hussein에 관한 발언으로 다시 한 번 세인의 주목을 받는다. 그녀는 1991년 당시 이라크 대통령이었던 후세인이 쿠웨이트를 침공한 것에 대해서 반대의 뜻을 표한다. 만약 후세인이 서방 인질들을 석방하고 쿠웨이트 침공을 중단한다면 하룻밤 잠자리를 제공하겠다는 음란한 발언을 한 것이

041

다. 섹스를 소통의 도구로 활용하여 세계 평화를 끌어내겠다는 그녀만의 표현법이었다.

그녀에게 섹스란
도구에 불과했다

그녀는 미국의 대표적인 현대미술가인 제프 쿤스와 결혼한다. 제프 쿤스와 치치올리나의 결혼, 즉 팝 아티스트와 포르노 배우 출신 국회의원의 결혼식은 전 세계적으로 화제가 되었다. 세기의 커플은 결혼식을 치르자마자 세계 주요 도시를 순회하며 충격적인 전시회를 연다.

'메이드 인 헤븐'이라는 전시회에는 치치올리나 부부가 실제로 성행위하는 모습을 담은 사진이 전시됐다. 일부 사진에는 그들의 성기가 적나라하게 노출되어 비평가와 관람객에게 충격을 안겼다. 결과적으로 이 전시회는 치치올리나가 영화와 정치계에 이어 예술계에도 멋지게 연착륙하는 계기로 작용한다.

제프 쿤스는 치치올리나와 함께 작업한 전시회 작품들을 비엔날레에 출품한다. 나체와 성행위를 소재로 한 그들의 작품을 향해 미술 전문가들은 혹평을 쏟아낸다. 하지만 사업가 기질이 뛰어난 제프 쿤스는 굴하지 않고 적극적으로 작품을 예술 마케팅에 이용한다.

뜻밖에도 부부의 애정은 그리 오래가지 못한다. 결혼 이듬해에 두 사람은 이혼을 결정하고, 치치올리나는 갓 태어난 아들을 데리고 로마로 떠난다. 제프 쿤스는 아내의 행위를 납치라고 주장하며 무려 10년이 넘도록 양육권 소송을 벌인다. 부부는 재판이 진행되는 동안 서로를 격렬히 비난한다. 이를테면, 제프 쿤스는 아내가 강아지처럼 마룻바닥에 오줌을 싸는 등 그녀의 자유분방한 태도가 아이에게 나쁜 영향을 끼친다고 주장했다. 그러나 최후의 승자는 치치올리나였다.

재판에 승소하여 아들과 함께 살게 된 그녀가 인터뷰한 말을 들어보자.

> 아들이 성장하면 나의 과거를 고백할 계획입니다. 누가 어떤 선택을 하건 서로의 의견을 존중해야 하듯이, 나의 아들도 엄마가 인생에서 선택했던 길을 이해하고 존중할 것이라고 믿습니다.

여성 해방론자로
산다는 것

미국에서 여성에게 참정권이 주어진 시기는 1920년으로, 치열한 여성 해방운동 끝에 거둔 사회적 결실이었다. 한국은 1988년 남녀 고용 평등법 개정, 1991년 영유아 보육법 제정, 1993년 성폭력 특별법 제정, 1996년 가정 폭력 방지법 제정, 그리고 2000년에 이르러서야 비로소 남녀 차별 금지 및 구제에 관한 법을 제정한다. 대한민국 남녀평등에 대한 법적인 근거가 20세기 후반에서야 고개를 내민다.

21세기를 살아가는 여성과 남성은 모두 법적으로 평등한 인격체다. 하지만 여전히 많은 여성이 사회적 폭력과 성적 착취의 대상으로 살아가고 있다. 여성의 영역이 조금씩 확대되고 있다지만 무척이나 더딘 걸음으로 가는 중이다. 특히 정치 영역에서 여성의 목소리는 소수자의 주장 이상도 이하도 아니다. **치치올리나는 부패와 속임수로 중무장한 정치권력에 반기를 든 능력 있는 인물이다. 그녀는 수많은 여성 해방론자들이 감히 넘지 못했던 금단의 영역에서 여성의 존재감을 밝힌 혁명론자임이 분명하다.**

우리는 치치올리나의 행보에서 두 가지 음란함을 엿볼 수 있다. 첫째는 '만들어진 음란함'이다. 그녀는 섹스를 직업의 도구이자 표현의 수단으로써 활용했다. 다음은 대중의 시선과 사회라는 통제망을 뚫고 드러나는 '주체적 음란함'이다. 그녀는 자신을 둘러싼 금기와 고정관념의 벽을 과감히 뛰어넘었다.

사회적 존재로만 규정되는 자아는 체제 순응적 인간을 양산하는 위험성을 지닌다. 반대로 자신 스스로 완성해나가는 자아는 건강함과 가능성이라는 긍정성을 지닌다. 결국, 치치올리나의 선택은 체제 순응적 음란함이 아니라 건강함과 가능성을 의미하는 주체적 음란함에 해당한다. 그녀의 정치적 행보, 사회공헌 활동, 예술 작업이 이를 증명한다.

그녀가 원했던 삶은 고고학자도, 포르노 배우도, 정치인도,

예술가도, 평화 전도사도 아니었다. 인문학에서 말하는 인간, 즉 삶의 주체로서의 인간이 곧 엘레나 안나 스톨러의 민얼굴이다. 그녀에게 치치올리나라는 가명은 감정이 수반되지 않은 섹스 행위처럼 일종의 코스프레였다는 사실을 간파해야 할 것이다. 그녀에게 금기란 애초부터 존재하지 않았으니 말이다.

천재 화가의
은밀한 뮤즈

말할 땐 적절한 한마디면 충분하다.

누드화를 그릴 때도 마찬가지다. 시선 하나면 충분하다.

그러면 긴말하지 않아도 누드가 당신에게 말을 할 것이다.

파블로 피카소(1881~1973)

현대 미술에서 파블로 피카소

Pablo Picasso만큼 음란성이 충만한 작가를 찾기란 쉽지 않다. 그의 음란성은 팔색조에 가까운 작가 정신에서 발로한다. 프랑스 공산 당에 가입할 정도로 체제 비판적이었으며, 무려 80년 가까운 세 월 동안 창조적 미술 세계를 구축했던 예술가 피카소. 그의 끊임 없는 예술적 감각의 원천은 무엇일까?

피카소는 예술가로서 부와 명예를 동시에 누렸던 작가다. 평생 자신의 작품을 단 한 점도 팔지 못하고 죽는 작가가 태반이 기에 피카소는 선택받은 작가임이 분명하다. 그는 팝 아트의 선 구자 앤디 워홀Andy Warhol처럼 예술을 수단으로 자신의 상품 가치 를 높이는 재능이 뛰어났다.

그는 1881년 스페인 안달루시아 출신의 어머니와 화가이 자 미술학교 교사였던 아버지 사이에서 태어났다. 이후 바르셀로 나와 마드리드로 진출하여 미술적 재능을 펼치기 시작했다. 자신 감을 얻은 피카소는 유럽 미술계를 선도하던 파리로 진출해 그의 미술 인생의 황금기이자 출발점인 '청색 시대'와 '장밋빛 시대'를 창조한다.

20대의 피카소는 경제적으로 빈곤했다. 그는 파리의 빈민 굴, 일명 세탁선이라고 불리는 곳을 거처로 삼는다. 세탁선은 파리 의 가난한 예술가들이 몰려 사는 아지트였다. 프랑스 사회에서 하 층계급 취급을 받았던 목수, 약장수, 건달, 부랑배 들이 그곳에 모 여 일종의 문화 공동체를 형성하고 있었다. 인근 카페에는 늘 예 술가들로 넘쳐났고, 피카소는 그곳에서 미술적 영감을 얻곤 했다.

저소득층 사회계급을 묘사한 그의 작품들은 대부분 파리의 부유층이 구매했다. 이때부터 피카소는 예술 작품을 생산자와 소 비자 계급으로 구분하는 당시의 미술 시장 구조에 관심을 가지기 시작한다.

**현대 미술의 기원,
아비뇽의 매춘부들**

피카소의 명작 '아비뇽의 처녀들' 은 다섯 여성의 알몸이 등장해서 논란이 된다. 당시 회화의 주된 소재였던 요정이나 여신 비너스를 버리고 거리에서 몸을 파는 여성을 그렸기 때문이다. 그는 이 작품을 통해서 예술적 동지였던 조르주 브라크Georges Braque와 함께 큐비즘의 대가로 거듭난다. 평면적 관점으로만 시도되었던 미술 기법에 3차원의 세계, 즉 다원적 공간을 단순하고 기하학적인 회화로 창출해냈다는 미술사적 의미를 갖는다. 큐비즘은 피카소의 '아비뇽의 처녀들'에서 시작되어 1920년대 말까지 유행했던 미술 사조다.

피카소의 작품은 르네상스 미술의 전통을 완전히 깨부순 시도라는 점에서 의의가 있다. 르네상스 시대에 여성의 나체는 비너스를 포함한 종교적 의미를 내포하는 인물로 제한했다. 이러한 흐름은 신과 인간의 경계가 희미하던 유럽 문화에서 기인했다. 즉, 인간화한 형상과 이성을 가진 신을 통해서 예술의 일반화를 추구했던 것이다. 이러한 기조는 곧 신에서 인간 중심으로 문명의 전이를 가져온 르네상스 정신과 일치한다.

049

적극적으로 섹스를 표현하는 미술의 흐름은 프랑스 인상주의에서 구체화한다. 에두아르 마네Edouard Manet의 작품에 등장하는 여성 모델이 창녀이고 그 배경이 사창가라는 것은 잘 알려진 사실이다. 이후 산업혁명을 거치면서 섹스라는 소재는 광고, 공산품, 예술, 음악에 이르기까지 하나의 문화 코드로 자리 잡는다. 음지에서 활동하던 포르노 산업은 1970년대에 이르러 미국을 중심으로 최고조에 달한다.

1980년대 후반까지 포르노 산업을 규제하던 영국과 달리 미국의 주류 영화계는 성을 소재로 한 영화를 제작하는 데 심혈을 기울인다. 앞서 언급했듯 미국 보수단체는 크게 반발했고, 이에 동조한 닉슨 대통령은 2년간 '포르노의 음란성에 대한 대통령 위원회 보고서'를 올리도록 지시한다. 하지만 이 보고서는 포르노가 해악을 일으킨다는 증거가 없으며, 덴마크의 선례를 따라 포르노에 대한 검열 자체를 폐지해야 한다는 방향으로 결론을 내린다.

섹스를 합법화하자는 시대의 흐름에 더하여 미국 마피아 조직의 섹스 산업, 즉 성인 잡지 판매점, 포르노 비디오 제작 및 유포, 스트립 바 운영에 대한 지원은 섹스라는 문화 코드가 삶의 일부분으로 편입하는 결정적 계기로 작용한다.

회화는
적과 싸우는 무기

피카소의 또 다른 음란 정신을 엿볼 수 있는 두 번째 명작 '게르니카'를 살펴보자. 피카소는 자신의 사회의식을 작품에 적극적으로 담는다. 게르니카 폭격의 참혹상을 거대한 화폭에 표현한 것이다. 1937년 4월 27일 런던 일간지 〈타임스〉를 보면 그 고통과 혼돈을 짐작할 수 있다.

바스크 지방에서 가장 오래된 도시이자 문화 전통의 중심지인 게르니카가 어제 오후 반란군의 공중 폭격으로 초토화됐다. 방어 능력이 없으며 전선에서도 멀리 떨어져 있는 이 도시에 폭격이 무려 40여 분간 지속됐다. 이 짧은 시간 동안 독일제 융커와 하인켈 폭격기, 전투기들로 편성된 강력한 항공대가 끊임없이 폭격을 퍼부었다. 그런가 하면 전투기들은 밖으로 달아나는 주민들을 향해 무차별적인 기관총 세례를 퍼부었다. 게르니카는 순식간에 불바다로 변했다.

제1, 2차 세계대전의 그늘에 가려 게르니카의 비극은 전 세계인들에게 크게 주목을 받지 못한다. 하지만 당시 내란을 일으킨 프랑코 정권에 대해서 우리는 알아둘 필요가 있다. 프란시스코 프랑코Francisco Franco는 파시스트와 결탁한 반공 보수주의 독재자였다. 기득권층의 권력을 타파하기 위해 모인 스페인 자유 세력에게 프랑코 총통은 반드시 사라져야 할 적폐 세력이었다. 프랑코는 스페인을 평정한다는 명분을 앞세워 자유 세력을 향한 무자비한 소탕을 자행했다. 게르니카 참극이 대표적인 예다. 피카소는 조국의 비보를 접하고 분개한 나머지 40여 일 만에 대벽화를 완성하여 작품을 '게르니카'라고 명명한다.

만일 '피카소가 아니었다면'이라는 가설을 세워본다면 이 작품은 세인들에게 쉽게 잊혔을지도 모른다. 하지만 그는 예술을 통해서 사회 문제를 확대 재생산하는 방법을 알고 있었다. 이 작품을 통해서 피카소는 사회 참여적인 작가로 재조명받는다. '게르니카'는 발표 이후에도 다양한 정치적 논쟁거리를 만들며 평화와 반전의 상징이 된다.

　　이를테면, 걸프전 당시 콜린 파웰Colin Powell 미 국무장관이 이라크 침략 전쟁을 정당화하기 위해 인터뷰를 열기로 한다. 그때 콜린 파웰의 보좌관이 긴급하게 대화를 요청한다. 하필이면 기자회견장 뒤에 걸린 복제화가 '게르니카'였던 것이다. 그림에 커다란 커튼을 드리운 채 전쟁 시작을 알리는 기자회견장에는 기자들의 차가운 침묵만이 흐를 뿐이었다.

일곱 번의 동거,
두 번의 결혼

　　　　　　　　　　　　　피카소는 자신의 미술 기법만큼이나 많은 여인과 염문을 뿌린다. 일곱 번의 동거와 두 번의 결혼을 통해서 피카소는 더욱 유명해진다. 피카소의 일곱 번째 여인으로 알려진 자클린 로크Jacqueline Roque. 그녀는 1961년 34세의 나이에 80세의 피카소와 결혼식을 올린다. 사람들은 그녀가 피카소의 재산에만 관심 있는 속물이라고 손가락질했지만, 그녀는 피카소가 작품 활동에만 몰두할 수 있도록 내조에 전념한다.

　　피카소의 여인과 가족들은 대부분 비극적인 최후를 맞는다. 그의 네 번째 연인으로 알려진 마리 테레즈 발테르Marie Therese Walter는 1973년 피카소가 사망한 지 4년 후에 그의 곁으로 가겠다고 목을 맨다. 세 번째 연인이었던 올가 코클로바Olga Khokhlova와 낳은 아들은 약물 중독으로 사망한다. 또 피카소의 손자는 피카소의 장례식장에서 극약을 먹고 자살한다. 또 다른 연인이었던 도라 마르Dora Maar는 정신착란증에 시달리다가 1997년 권총 자살로 세상을 떠난다. 자클린 로크도 피카소가 세상을 떠난 지 13년이 되던 해에 마찬가지로 권총 자살로 생을 마감한다. 피카소는 자클린 로크에게서 영감을 받아 40여 편의 작품을 완성했다고 전해진다.

여인들과 피카소. 그의 인생에서 여자란 어떤 존재였을까? 인생의 동반자로서 지고지순한 사랑의 대상이었을까? 예술혼의 완성을 위한 수단이었을까? 단지 성적 쾌락을 주고받는 육체적인 존재였을까? 이 모든 이유가 합쳐진 뮤즈의 재림이었을까? 어떤 미술 평론가는 피카소의 끊임없는 예술적 원천은 그를 둘러싼 여인들과의 사랑이었다고 평가한다. 피카소의 예술 인생에서 사랑을 빼고는 그 무엇도 가치를 논할 수가 없기에.

여인들과 피카소.

그의 인생에서 여자란 어떤 존재였을까?

인생의 동반자로서 지고지순한 사랑의 대상이었을까?

예술혼의 완성을 위한 수단이었을까?

단지 성적 쾌락을 주고받는 육체적인 존재였을까?

이 모든 이유가 합쳐진 뮤즈의 재림이었을까?

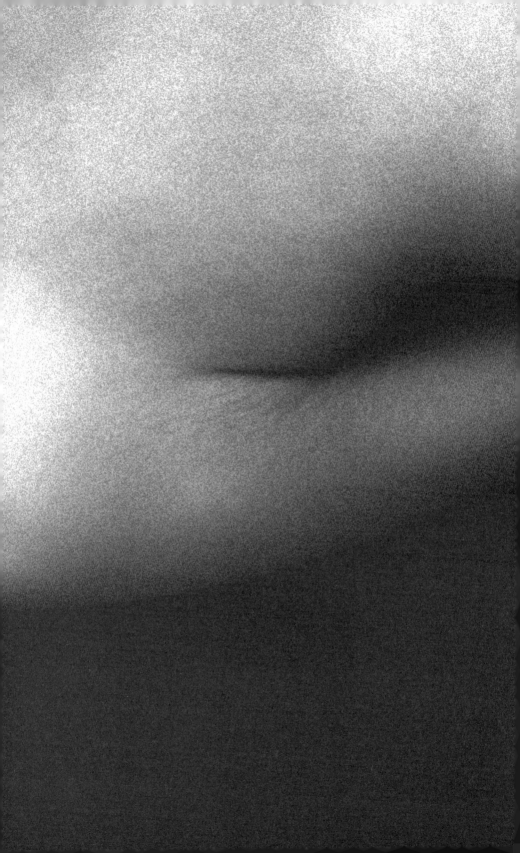

중년 남녀의
성생활

마흔을 넘기며 많은 사람은 죽기 전에 다시 한 번,

불타는 사랑을 해보고 싶다는 생각을 한다.

그것은 마치 석양에 사라지는 유성처럼 마지막 불꽃이 될지도 모른다.

이 열정을 가슴에 품고서 방황하는 사람들을

우리는 황혼유성군이라 부른다.

히로카네 켄시(1947~)

중년 남녀의 사랑은 금지된 장난일까? 그들의 사랑을 낮은 목소리로 노래하는 두툼한 만화책《황혼유성군》을 소개한다. 저자 히로카네 켄시弘兼憲史는 1990년대에 우후죽순처럼 생겨난 도서대여점을 통해 국내에 알려진 일본 작가다.

그는 1947년생으로, 제2차 세계대전 직후에 태어나 일본 경제의 고도성장을 이끌어간 베이비붐 세대를 대표하는 인물이다. 와세다대학교 법학과를 졸업하고, 1970년부터 1973년까지 파나소닉 광고부에서 근무했다. 일본 직장인의 정통 엘리트 코스를 거친 셈이다. 일본 베이비붐 세대의 특징은 가부장적 권위주의에서 탈피한 개인주의적이고 민주적인 삶의 방식을 경험했다는 점이다. 따라서 그의 출세작인《시마과장》과《황혼유성군》은 저자의 자서전이나 다름없는 만화다. 참고로《시마과장》은 한 샐러리맨의 성장 과정을 그려나간 만화 시리즈로, 직장 생활을 위한 교본으로 알려져 있다.

《황혼유성군》 시리즈는 2002년 4월, 야심 차게 국내 만화계에 첫선을 보인다. 그 후 2016년 6월에 무려 43권을 완성하는 기염을 토한다. 15년 동안 중년의 사랑 방정식을 쉬지 않고 완성해낸 것이다. 권별로 두세 편의 짧은 이야기가 펼쳐지는데, 마치 잘 만든 단편영화를 보는 듯 줄거리가 탄탄하다. 소재의 다양성과 인물 묘사에서도 몰입도가 높은 수작이다.

추억과
죽음 사이에서

　　　　　　　　　　　《황혼유성군》에 등장하는 인물들은 대부분 초라하다. 마흔을 넘긴 그들은 이혼했거나, 투병 중이거나, 경제적 여유가 없거나, 직장에서 퇴물 취급을 받는다. 어떤 사람은 오랜 지인과 가족으로부터 배신을 당하기도 했다. 한마디로 사면초가인 상태에서 지루한 삶을 반복한다. 그들은 하나같이 젊고 아름다웠던 추억을 간직한 채 과거에만 머물러 있다.

상처 주는 이도, 상처받는 이도 모두가 늙어간다는 명제에서 벗어나지 못한다. 그들은 과거를 후회하고, 반성하고, 아쉬워하면서 살아온 날보다 짧은 살아갈 날들을 위태롭게 버틴다. 고

난이라는 파도는 인생 경험이 풍부한 사람에게도 언제나 고달픈 법. 후미진 삶을 버티게 해주는 작은 희망이 있었으니, 그것이 바로 사랑하는 사람과의 '섹스'였다.

섹스는 탄탄한 노후를 보장해주는 경제활동도 아니요, 젊은 시절로 돌아가게 해주는 타임머신도 아니다. 그렇다고 현재의 고민을 한 방에 해결해주는 마법의 지팡이도 아니다. 그렇기에 중년의 섹스는 시작만큼은 젊은이들의 원나잇 스탠드와 흡사한 모양새를 드러내지만 결코 과시적이지도, 단순하지도, 즉흥적이지도 않다. 그들은 격정적이고 간절한 잠자리를 가진다. 마치 오래된 비석처럼 두고두고 성행위의 절정을 마음 깊은 곳에 새겨둔다.

작가가 말하고자 하는 중년의 사랑은 희망과 가능성이다. 따라서 이야기는 대부분 행복한 결말을 맺는다. 40세를 넘겨야 비로소 인생의 두 번째 사랑을 맞이할 준비가 되었다는 메시지를 보낸다. 중년에게는 죽는 날까지 짧게는 30년, 길게는 40년의 시간이 남아 있다. 사랑 없는 무미건조한 노후보다 위험을 무릅쓰고서라도 새로운 사랑을 찾아 떠나는 것이 행복이라고 끊임없이 속삭인다.

《황혼유성군》 1권의 줄거리를 살펴보자. 52세의 은행지점장 모리모트 요시하루는 어느 날 회사로부터 이직을 권고 받는다. 샐러리맨으로서 유효 기한이 얼마 남지 않았음을 알리는 적신호다. 그에게는 결혼을 앞둔 딸과 무덤덤한 관계를 유지하는 아내가 있다. 그럴싸한 취미 하나 없이 일에 파묻혀 살아온 인생

059

에 회의를 느끼는 남자. 그는 자신을 위한, 자신만의 여행을 준비한다. 장소는 스위스 체르마트.

요시하루는 여행지에서 매력적인 중년 여성을 만난다. 그들은 자연스럽게 근사한 호텔 레스토랑에서 저녁 식사를 하며 서로에 대한 호감을 키워간다. 독일어를 구사하는 묘령의 여성에게 점점 빠져드는 주인공. 그는 여인이 외교관의 부인이거나 음악가일 것이라고 상상해본다. 그러나 행복한 시간은 그리 길지 않았다. 남자는 호텔 방에서 충동적인 섹스를 시도하다 실패하고, 여인은 다음 날 예고 없이 사라져버린다.

인생을 정리할 나이, 하지만 실패해도 좋다

반년이 흐른 어느 날, 중년 남녀는 어떤 회사의 구내식당에서 우연히 마주친다. 여성의 직업은 직원 식당의 조리사였다. 남편과 이혼 후 홀로 지내는 여인을 마주하고 남자는 갈등하기 시작한다. 그녀와 새로운 삶을 시작하고 싶지만 그를 둘러싼 모든 것이 마음에 걸린다. 애정은 식었지만 오랜 시간 부부의 연을 맺어온 아내, 곧 결혼식을 올리게 될 하나뿐인 딸, 미우나 고우나 오랫동안 몸담은 직장, 이 모든 것이 그동안 전력으로 달려온 남자의 성적표이자 새 삶의 걸림돌이었다.

남자가 이러지도 저러지도 못하는 사이, 그들의 위험한 관계는 점점 깊어만 간다. 남자가 말한다. 인생이 얼마 남지 않았다는 것을 깨닫는 순간부터 거짓으로 살아온 인생이 싫어지게 된다고. 그의 앞에 놓인 유일한 생의 의미는 스위스에서 만난 그 여인뿐이었다. 요시하루는 자신에게 질문한다. '그녀가 나와 함께하기를 원할까?', '지금까지의 삶을 버리고 그녀와 떠날 힘이 내게 남아 있을까?' 침대 구석에 걸터앉은 남자가 천천히 고개를 숙인다.

이야기의 결말은 주인공의 의지와 상관없는 방향으로 흘러간다. 딸의 결혼식을 마치자마자 아내가 이혼을 요구한 것. 그제야 남자는 자신을 떠난 여인을 만나러 간다. 그녀는 남자를 반갑게 맞이하고, 남자는 자신에게 남은 재산이라곤 포르쉐 자동차 한 대뿐이라고 털어놓는다. 그녀는 남자를 끌어안으면서 속삭인다. 다시는 헤어지지 않을 거라고. 여인이 차린 음식점에서 일하기로 한 남자의 마지막 독백을 들어보자. "길고 긴 황혼을 어떻게 살아갈 것인지, 앞으로 둘이서 함께 찾고 싶다."

만화는 용기 없는 남자와 주체적 삶을 원하는 여자의 재회로 끝난다. 어쩌면 이 만화는 남자의 우유부단한 태도 때문에 모호한 결말을 맺을 가능성이 컸다. 요시하루와 여인의 시작은 비록 음란했지만, 과정에서 보여준 남자의 모호한 태도가 꽤나 답답하게 느껴졌으니까. 그는 인생을 살아오는 동안 단 한 번도 자신의 위치에 대해서 고민해보지 않은 무기력한 가장이자 직장인일 뿐이다.

061

두 번째 삶을
헤쳐 나갈 용기

지금도 음란하지 못한 수많은 남자들이 조직의 부속품으로 여생을 갉아먹고 있다. 그들은 퇴직이 닥쳐서야 아무것도 이루지 못한 처지를 한탄한다. 돌이킬 수 없는 먼 길을 걸어왔다고 변명을 늘어놓는다. 동료들과 폭탄주를 마시면서 위안을 얻으려 하지만 남는 것은 취기와 무기력이다. 무엇도 그들에게 진정한 위로가 되어줄 수 없으며, 누구도 그들의 지나가버린 시간을 되돌려줄 수 없다.

영국의 소설가인 새뮤얼 버틀러Samuel Butler는 인생에 대해서 이렇게 말했다. 인생은 사람들 앞에서 바이올린을 켜면서 바이올린을 배우는 것과 같다고. 《황혼유성군》에 등장하는 중년의 인물들은 다양한 가면을 쓰고 있다. 어떤 이는 사람들 앞에서 바이올린을 연주할 의지 자체가 없고, 어떤 이는 바이올린을 끽끽거리며 연주할 뿐 배우겠다는 의지가 보이지 않고, 또 어떤 이는 두 가지 모습을 모두 보이기도 한다.

중년이라는 시간을 걷는 사람들. 이들은 삶보다 죽음에 가까운 위치에 서 있다. 눈앞에 비탈길이 보여도 젊은 시절처럼 뚝심 있게 발걸음을 옮기기 어렵다. 그렇게 자주 멈칫하고 고민한다. 경험은 쌓이고 사유는 깊어졌지만 실행하기가 쉽지 않다. 실패할 경우 다시 돌아갈 자리가 남아 있지 않기 때문이다. 그렇게 그들은 외롭고 위태로운 사랑을 감수해야만 한다.

만화의 초반부에 등장하는 중년 남성 상당수가 우연히 만난 여인과 섹스를 나누지만 그것은 순간적인 일탈 행위에 불과하다. 저자는 21세기를 살아가는 중년 남성들의 어두운 현실을 좌시하지 않고 독자들에게 실낱같은 희망의 불씨를 던진다.

문제는 다시 음란함이다. 진정한 사랑이란 만화에서처럼 스스로 찾아오지 않는다. 그들에게 필요한 것은 하룻밤 충동적인 잠자리가 아니라 두 번째 삶을 용기 있게 헤쳐 나갈 수 있는 음란한 인문 정신이다.

PART 2

억압
가진 자의 더러운 이중 잣대

성문화의 역사는 억압의 역사다. 억압의 대상은 귀족 부인이기도 하고, 성형 미인이기도 하고, 권력자의 성욕에 시달리는 민초이기도 하다. 억압의 주체가 될 것인가, 객체가 될 것인가는 인간의 자유의지에 달렸다. 내면의 욕망을 용감하게 드러내는 순간 우리는 진정한 자유를 얻을 수 있다.

참지 말아요,
그대

왜 어떤 남성은 일주일에 서른 번의 오르가슴이 필요하고,

또 누구는 거의 없어도 되는 걸까요.

그건 모든 사람이 다르기 때문입니다.

문제는 사람들 대부분이 똑같길 바란다는 거죠.

알프레드 킨제이(1894~1956)

대한민국 정부는 1989년부터 해외여행 완전 자유화를 실시한다. 관광 목적으로 외국을 나갈 수 있는 시대가 열린 것이다. 해외여행 자유화는 국민들에게 국제적 시각을 열어주는 데 중요한 역할을 한다. 외국의 다양한 성문화를 자유롭게 접한 것은 물론이다.

유럽에 다녀온 이들은 유럽인들의 개방적인 성문화를 마치 제 것인 양 자랑스레 떠벌리고 다니곤 했다. 서양이 처음부터 프리섹스의 천국이었다는 그릇된 고정관념을, 외국물을 마셔보지 못한 이들의 머릿속에 강제로 주입하던 웃기는 시절이었다. 미국을 향한 시선 또한 예외가 아니었다.

미국은 처음부터 개방적인 성문화를 가진 나라가 아니었다. 19세기 초반, 미국의 중산층 백인 가정을 들여다보자. 미국의 주류 세력이었던 이들은 대부분 복음주의 개신교의 영향권 내에서 성장한다. 성적 욕망을 억제하는 금욕적인 문화는 세계대전 후 물질적 풍요라는 변화의 물결과 마주친다. 20세기 초반에 우후죽순처럼 생겨난 대형 쇼핑몰, 놀이공원, 극장 체인점에서의 무한 소비와 새로운 레저문화가 청교도주의와 정면충돌한다. 이러한 문화 흐름은 20세기 후반까지 미국 전역에서 세대 간의 갈등으로 비화한다.

20세기 초반에 미국 중상류계급의 일상은 태엽으로 작동하는 로봇과 다름없었다. 일요일에는 의무적으로 교회와 가족을 위해 시간을 바쳐야 했다. 그러나 자식과 아내에게 애정 표현을 하지 않는 뻣뻣한 가장들이 수두룩했으며, 감정을 통제한다는 미명하에 늘 적막감이 맴도는 건조한 가정을 꾸려갔다. 당연히 가족이 섹스를 논한다는 것은 있을 수 없는 일이었다. 당시의 통념에 따르면 섹스는 자연스러운 애정 행위가 아니라, 음지에서 이루어져야 하는 부끄러운 행위였다. 예외라면 출산을 위한 부부 간의 섹스 정도가 전부인 고리타분한 세상이었다.

당시 미국 사회의 교육은 도덕적이고 친절하며, 자신이 대접받고 싶은 대로 타인을 대접하는 사람을 만드는 것이 목표였다. 이러한 억압적인 교육 방식은 신심이 깊고 온순하며, 허식이 없고 나서지 않는 인간형을 추구했던 청교도형 부모 세대의 유산이었다. 진지한 표정, 작은 음성, 간소한 옷차림에 화장기 없는 얼굴, 단정하게 틀어 올린 머리는 교육 수준이 높은 미국 백인 가정의 상징이었다.

금욕 사상에
핵폭탄을 투하하다

당시 미국의 대다수 청소년들은 부모로부터 제대로 된 성교육을 받을 수 없었다. 그들은 결혼이라는 사회적 제도만이 섹스를 허용하고 정당화할 수 있다고 배웠다. 본격적인 대중문화의 수혜자로 떠오른 미국 청소년 세대는 목사들의 갑갑하고 단조로운 교리에 진저리를 쳤다. 영화, 만화, 잡지, 재즈, 댄스는 낭만과 모험을 기반으로 한 자기 충족의 매개체로 작용했다. 그러나 미국의 폐쇄적인 성문화는 제자리걸음을 하고 있었다.

정체 상태에 놓인 보수적인 미국 사회에 변화의 물결이 일기 시작한다. 1948년 미국 출판계에 출간된 지 두 달 만에 무려 20만 부가 넘게 팔려나가는 베스트셀러가 등장한 것이다. 화제의 책은 《남성의 성 행동》으로, 20세기 초반까지 지속된 미국 성도덕의 원칙을 단박에 깨부순 문제작이었다. 갤럽 여론조사에 따르면, 당시 미국인 다섯 명 가운데 한 명이 책 내용에 대해서 들어보거나 직접 읽었다고 한다.

전후 미국에서 가장 큰 논쟁을 불러일으킨 《남성의 성 행

069

동》의 저자는 동물학자인 알프레드 킨제이Alfred Kinsey라는 인물이다. 그는 연구자들과 함께 인간의 성 행동에 영향을 미치는 변수들, 즉 사회 계급, 인종, 결혼 여부, 지역, 나이, 교육 수준, 종교, 직업 등을 심층 분석한다. 이들은 남성 수백 명에게 섹스와 관련한 질의응답으로 놀라운 결과물을 얻어낸다. 연구 결과는 보수적인 미국 사회의 멱살을 휘어잡았다.

전통적 성 규범에서 금기시하던 자위, 애무, 혼외정사가 미국 사회에서 광범위하게 이루어지고 있다는 사실을 밝혀낸다. 킨제이의 연구는 종교 정신에 기반한 섹스 규제가 인간에 대한 이해가 결여된 사고라는 공감대를 얻는다. 신문, 잡지, 문예지, 전문지 등에서《남성의 성 행동》에 대해 갑론을박을 펼치는 서평이 줄지어서 등장한다.

킨제이의 연구 결과에 대한 미국 사회의 반응은 엄청났다. 비판 세력들은 이 책이 미국 사회의 전통적인 도덕률을 뒤흔들고, 가족 체계를 전복시키려 한다고 손가락질했다. 비판적 지지 세력들은 인간 성행위의 생물학적 반응에만 집중한 결과 심리적·정서적·사회적 차원을 소홀히 했다고 논평했다. 반면 지지 세력들은 미국 남성들의 성문화를 있는 그대로 재현했으며, 좀 더 현실적인 성 도덕률을 재정립해야 한다고 주장했다.

치열한 찬반양론에도 불구하고 킨제이는 미국 성문화에 놀라운 성취를 이루어낸다. 〈타임〉지는 섹스에 대한 개방적 논의를 통해서 향후에는 동성애, 구강 섹스, 오르가슴, 자위 같은 용어가 자연스럽게 등장할 것이라고 낙관했다.《남성의 성 행동》은 잠자던 섹스를 공론화함으로써 성문화에 대한 미국인들의 닫힌 마음을 여는 데 일조한다.

오르가슴을 좇는
몸의 언어, 섹스

킨제이는 혼전순결이 성적 충족감을 저해한다고 주장함과 동시에 오르가슴의 정체를 탐구하기 시작한다. 이후 1953년에 출간된 연구서《여성 행동》을 통해서 여성의 섹스 문화까지 파헤친다. 이 책에서는 여성 역시 남성 못지않게 다양한 섹스 행위를 시도한다고 밝혀낸다. 여성의 성 본능이 남성과 다르지 않다는 이론은 훗날 남녀평등의 기폭제로 작용한다.

또한 보수적으로 보이던 미국 사회에서 다양한 섹스 행위가 이루어지고 있음을 명쾌하게 밝혀낸다. 도서를 포함해 대중문화가 형성되고 사회로 전파되려면 꽤 오랜 시간이 걸리는데, 미국 사회에서 킨제이 보고서의 영향력은 무서울 정도로 빠르게 확대되었다. 이와 함께 1950년대에 찾아온 미국의 경기 호황마저 개인주의와 물질 만능주의에 기반한 개방적인 성문화를 촉진하는 데 일조한다.

당시 미국을 휩쓸던 대중음악과 영화는 킨제이 보고서와 함께 성적 낭만과 열정을 부추기는 촉매제로 작용한다. 이러한 개인주의적·자유주의적 문화는 마침내 개방적 성문화를 가로막는 기독교 교리와의 오랜 대결에서 승리한다. 1950년대 이후 미국 사회에서 말하는 자유란 곧 성적 자유를 포함하는 의미로 자리 잡는다.

20세기 후반의 미국은 경제 대공황과 제2차 세계대전, 베트남 전쟁의 혼란에서 벗어나 초강대국으로서 경제적 수혜를 독점한다. 과거에는 자기 통제를 기반으로 한 성실한 노동력이 필요했다면, 이제는 매력적인 아이디어와 개성을 요구하는 개인적 능력이 부각되었다. 자연스럽게 미국의 성문화 발전도 급물살을 타기 시작한다. 섹스 잡지와 포르노 영화, 마약 등의 범람은 미국을 섹스 천국으로 알려주는 이정표가 된다.

다양한 사회 문화 운동이 물결치던 1960년대, 베트남 전쟁의 패망 국가라는 멍에에서 벗어나려고 발버둥 치던 1970년대, 여피yuppie중심의 보수적인 물질주의 문화가 판치던 1980년대가 꿈처럼 흘러간다. 이후 소련의 붕괴와 함께 냉전 시대가 막을 내린다. 진보주의자의 비현실적인 설교와 근본주의자의 고답적인 잔소리에 지친 미국 시민은 전통과 다양성, 종교적 믿음과 관용, 사회적 의무와 개인의 자유를 동시에 충족하는 합의를 원하기 시작한다.

이런 시기에 등장한 킨제이 보고서의 후속타가 1994년에 출간된《미국의 섹스》였다. 1990년대에 미국에 불어닥치기 시작한 신전통주의를 간접적으로 증명한 이 책은 시카고대학교 연구 팀이 미국인 3,400명을 대상으로 섹스 행위와 연관한 생활양식을 조사한 결과물이다. 이 책에서 미국인 대부분은 섹스 행위의 선택지가 광범위해졌음에도 여전히 관습적인 섹스를 반복하고 있음을 보여준다. 이는 문란한 관계보다는 일대일 관계가, 난교나 금욕보다는 적절한 섹스가, 독신 생활보다는 결혼이 우위를 차지한다는 내용이었다.

《미국의 섹스》는 킨제이 보고서의 등장만큼 사회적 논란거리가 되지는 못했다. 이는 1960, 70년대를 뒤흔들었던 성 혁명에 경도되지 않는 보수적인 미국 문화가 여전히 존재한다는 확인에 불과하기 때문이었다. 그러나 반론 역시 만만치 않았다. 〈플레이보이〉지의 창간인 휴 헤프너Hugh Hefner는 《미국의 섹스》가 청교도주의의 잔해가 깊다는 것을 보여준 근거에 불과하다고 평가한다. 더불어 그는 미국인이 섹스를 추종하면서도 두려워하는 이중적인 존재라고 덧붙였다.

한국판 킨제이의
탄생과 결말

미국발 킨제이 보고서의 광풍은 우리나라 또한 예외일 수 없었다. 1957년 〈야담과 실화〉라는 잡지가 그 주인공이다. 이 잡지는 판매 부수가 4만부를 돌파하는 저력을 보이면서 한국을 대표하는 성인 잡지로 우뚝 선다. 그러나 아쉽게도 전성시대는 길지 않았다. 이승만 정권이 문제의 잡지를 미군정령 위반으로 폐간 조치한 것이다.

1958년 12월의 일이었다. 〈야담과 실화〉는 '서울 처녀 60퍼센트는 이미 상실?'이라는 자극적인 카피와 함께 '경이—한국판 킨제이 여성 보고서'라는 기사로 국회 문교위에서 문젯거리가 된다. 이후 이 잡지는 4.19혁명에 편승하여 1960년 9월에 부활하지만, 1980년 전두환이 이끄는 신군부에 의해 다시 폐간되는 탄압의 희생양이 된다.

〈야담과 실화〉가 폐간된 이후에도 국내에서는 다양한 성인 잡지가 출간된다. 하지만 대부분이 성적 호기심을 자극하는 수준에서 벗어나지 못한다. 그렇다고 킨제이 보고서에 버금갈 만한 한국 학계의 연구 결과가 등장하지도 않았다. 상아탑에서 요구하는 '논문을 위한 논문'만이 나와 사장의 길을 걸었을 뿐.

이러한 성적 고정관념으로부터의 탈피는 일부 문학계에서 산발적으로 이루어진다. 순수문학과 외설이라는 구별 짓기의 경계에서 고통받았던 작가 마광수와 장정일이 대표적이다. 결국, 한국의 성문화는 미국의 그것과 비교하면 수십 년이나 멀리 떨어진 시차 속에서 더디게 걸음마를 떼어야 했다.

킨제이 보고서는 미국뿐 아니라 억압적인 세계의 성문화를 다시 돌아보게 만든 연구서이자 섹스 혁명서였다. 금욕과 경건함을 외치는 보수적 문화에서 무시당해야 했던 인간의 성적 욕구를 있는 그대로 밝혀낸 킨제이. 그는 그야말로 음란한 인문학의 대가이자 성 혁명론자였다. 이제는 한국에서 21세기를 대표할 젊고 건강한 한국판 킨제이가 등장하기를 염원해본다. 지금도 킨제이가 하늘에서 속삭이는 중이다. "참지 말아요, 그대."

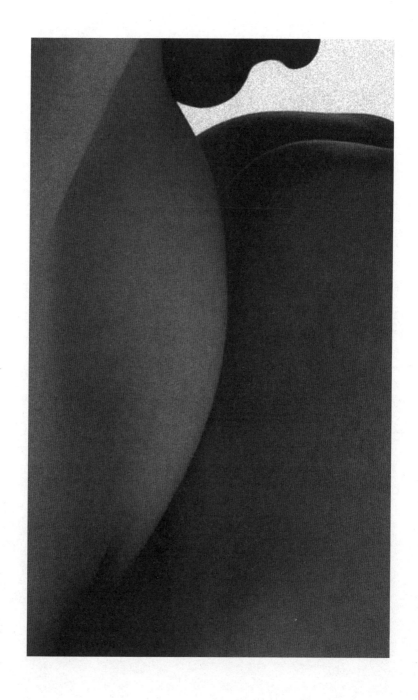

부인에게 필요한
물건은

해야 할 말이 없을 때는 침묵을 지켜라.
하지만 뜨거운 욕망이 끓어오를 때
반드시 해야 할 말이 있을 때는
자신의 모든 정열을 다해서 이를 표현하라.

D. H. 로렌스(1885~1930)

소설가 D. H. 로렌스David Herbert
Lawrence는 작품 속 노골적인 성애 묘사로, 일부 내용이 삭제되거
나 출간 정지당하는 문학적 탄압을 감수해야 했다. 1928년에 발
표한 소설《채털리 부인의 연인》도 오랫동안 외설 시비에 시달렸
던 그의 대표작이다. 이탈리아 피렌체에서 자비로 출간된 이 작
품은 오랜 재판 끝에야 미국에서 무삭제판이 나오는 우여곡절을
겪는다. 저자 사후 30년 만이었다. 도대체 채털리 부인의 무엇이
수십 년간 문학적 구금 사태를 일으킨 것일까?

　　문학적 상상력은 항상 만약으로부터 시작한다. 소설 속 '채
털리 부인'의 자리에 그녀의 남편인 '클리퍼드 채털리'를 넣어보
면 답이 나온다. 만약 작품이 전쟁에서 돌아온 남편의 성적 일탈

을 다루었다면 그토록 주목받지는 못했을 것이다. 이쯤 되면《채털리 부인의 연인》발 만약의 정체를 예측할 수 있다. 21세기까지 강건하게 이어지는 남성 우월주의 성문화가 문학이라고 예외일 수 없었다. 즉, 이 소설은 남근 중심 사회에 일침을 가한 사회 비판 서적이었다.

성차별,
그 오랜 역사적 기원

남성 위주로 펼쳐지는 불평등한 섹스는 여성의 신체와 정신에 억압을 가하는 과정으로 이어진다. 이는 해와 달, 빛과 어둠, 백인과 흑인, 부와 가난으로 이어지는 서구식 이분법에 기초한 계급 문화에 기인한다.

비교문학 교수이자 행동하는 지식인이었던 에드워드 사이드Edward Said는 서양 문화가 동양보다 월등히 우수하다는 왜곡된 인식과 태도가 '오리엔탈리즘Orientalism'을 낳았다고 주장했다. 동양의 아름다운 문화를 미개하고 열등한 문화로 추락시킨 유럽인들의 독선과 아집은 여성을 보는 시각에서도 예외가 아니었다. 그들은 여성 인권에 무관심했을 뿐 아니라 정치, 교육, 예술, 운동 등의 분야에서 여성의 참여를 제한하는 데 열중했다.

영국은 1918년에 30세 이상의 여성에게만 제한적으로 참정권을 부여했다가 10년이 지나서야 20세 이상으로 연령을 확대한다. 프랑스는 1944년에 이르러서야 여성에게 참정권을 허용한다. 여성의 직업 역시 성차별의 대상이었다. 육아와 가사 위주로 여성의 일거리를 제한하는 성차별은 20세기에 들어서도 변함이 없었다. 그렇게 남성들은 자신의 어머니와 여동생, 아내, 딸, 연인의 존재감을 부정하고 탄압했다.

유럽 성차별의 악순환은 종교 문화로부터 기인한다. 중세 시대 유럽의 교황은 여성에 대한 폭력을 마음 놓고 휘두를 수 있는 무소불위의 존재였다. 그들은 왕권을 능가하는 절대 권력을 마음껏 누렸다. 교황의 권위에 대항한 왕들은 파면당하거나 목숨을 내놓아야 했다. 수많은 역대 교황이 첩을 거느렸으며, 왕족과 부녀자들을 가리지 않고 성폭행을 일삼았다. 사제와 성직자 역시 예외가 아니었다. 이들은 아무렇지 않게 여신도와 수녀를 성폭행한 성범죄자들이었다. 기록에 따르면 교회의 뒤뜰과 수도원 안채에서 버려진 갓난아기와 낙태의 흔적이 끊임없었다고 한다.

철학자 미셸 푸코Michel Foucault는 《성의 역사》에서 영국 빅토리아 왕조의 악습이 현재까지 그릇된 성차별을 조장한다고 비판했다. 당시 여성들의 지위는 경제적 권리와 법적 권한이 박탈된 남성의 성 노리개이자 장식물에 지나지 않았다. 또 가부장적 사회에서 남성에게 헌신적이지 않은 여성은 무조건 배척되어야 한다는 편견이 만연했다. 여성의 자유의지에 기인한 성적 일탈은 용인할 수 없는 커다란 죄악이었다.

《채털리 부인의 연인》이 출간되자마자 곧 센세이션을 일으킨 이유였다. 이 작품이 등장인물의 현란한 성행위 묘사만 나열했다면 난잡한 섹스 소설에 지나지 않았을 것이다. 저자가 유럽의 부끄러운 역사를 정면으로 꼬집었기에 논란이 되었다. 이를테면 전장에서 성불구자가 되어 돌아온 퇴역 장교 남편의 시선이 흥미롭다. 그는 젊은 아내의 성적 일탈을 지켜보면서 이를 묵인한다. 그리고 사랑과 섹스를 위해 사회 경제적으로 보장된 삶을 포기하려는 채털리 부인. 남편에게 당당히 이혼을 요구하는 그녀의 모습은 남성들이 마음대로 짜놓은 유럽 계급사회에 날리는 저자의 통렬한 어퍼컷이다.

　　D. H. 로렌스는 소설을 통해 인문적인 가치를 실현하고자 했다. 이는 섹스라는 행위 자체를 더럽고 추하게 여기는 비뚤어진 도덕관념에 대한 저항으로 해석할 수 있다. 소설에 등장하는 채털리 부인의 남편 클리퍼드는 영국 사회의 허울뿐인 귀족 문화와 물신성을 대표하는 인물이다. 이에 반해 채털리 부인이 사랑했던 남자 멜러즈는 하층계급을 대표한다. 멜러즈는 평생을 육체노동의 굴레에서 벗어나지 못하는 신분 사회의 희생양이다.

　　문학에서 상징이란 다양한 해석을 가능하게 하는 도구다. 저자는 등장인물의 삼각관계를 통해 물질문명 속에서 허덕이는 인간에 대한 구원을 표현하고자 했다. 이를 문학적으로 구체화하기 위해 당시 금기시하던 귀족 부인과 육체노동자의 성행위가 동원되었을 뿐이다. 문학적 상징을 단지 표현으로만 인식하려는 사회는 음란하지 못한 사회다.

섹스란 억압의 상징이었기에 금서 파동의 피해자였던 D. H. 로렌스는 고답적인 세상과의 싸움을 멈추지 않았다. 그는 연이어 《무지개》, 《아들과 연인》 등의 문제작을 집필한다. 작품의 공통점은 보이지 않는 곳에서만 행해지던 그릇된 성문화를 돌려차기했다는 점이다. 그는 근대 유럽을 지배하던 계급사회와 성문화가 비슷한 노선에서 암약하는 암적인 존재라는 사실을 잊지 않았다.

완전하게 자유로운 섹스란
존재하는가

영국판 사회 비판 소설로 불리는 《채털리 부인의 연인》과 닮은 작품이 있다. 바로 프랑스판 성 혁명서로 불리는 《엠마뉴엘 부인》이다. 두 작품은 모두 음란성 시비에서 벗어나지 못했다는 공통점이 존재한다. 여기서 말하는 음란함이란 성문화를 금기시하지 않는 건강하고 솔직한 작가 정신이 되겠다.

또 다른 공통점은 두 소설을 영화화한 작품의 주연 배우가 같다는 것이다. 영화 '엠마뉴엘 부인'의 주연을 맡아 일약 스타덤에 오른 실비아 크리스텔Sylvia Kristel이 채털리 부인을 연기하면서 그녀는 다시 한 번 유명세를 치른다(한국에서는 영화 '차타레 부인의 사랑'으로 유통되었다).

아쉽게도 영화 '채털리 부인의 연인'은 작가의 의도를 온전히 반영하지 못한다. 채털리 부인이 철저하게 남성의 시각으로 재단되고 있기 때문이다. 외설 작가라는 오명에서 벗어날 수 없었던 그의 작품을 일회용 에로 영화로 왜곡시켜버린 영화 자본의 속내가 드러난 사례다. 그러다 이 영화는 2006년 여자 감독의 손에 재탄생한다. 파스칼 페랑Pascale Ferran 감독의 '레이디 채털리'는 원작의 의도를 충분히 반영하여 새로운 이미지의 채털리 부인을 탄생시킨다. 그녀는 채털리 부인의 명예를 회복하고 영화에 인문학적 가치를 부여한다.

모든 문화 콘텐츠에는 창작자의 고유한 시선이 존재한다. 그 결과물을 향유하는 대중은 부지불식간에 창작자의 정신을 공유하고 이를 체화하는 과정을 겪는다. 이러한 대중이 모여서 여론이 형성되고 새로운 사회가 태어난다. 따라서 창작자가 여성 비하적인 가치관을 따르고 있을 경우, 비판 의식이 약한 대중은 여과 없이 창작자의 가치관을 답습하는 악순환이 벌어지게 된다. 이러한 문화적 오류를 최소화하기 위해서는 건강한 비판 의식으로 작품을 대할 수 있는 인문 정신을 갖추어야 한다.

좋은 문학이란 끊임없이 독자를 불편하게 만드는 것이라고 생각했던 D. H. 로렌스. 쾌락주의와 물질문명이 극단으로 가는 세상을 구천에서 내려다보는 그의 마음은 심히 편치 못하리라.

채털리 부인의 음란한 사랑법은 21세기에 들어서도 때때로 난항을 겪는다. 일부일처제를 기본적인 결혼 제도로 삼는 수많은 국가에서 온전히 자유로운 섹스란 존재할 수 없다. 결혼한 여자의 사랑법은 억압이라는 상위법 아래 존재한다. 하지만 잊지 말자. 음란한 인문학의 곁에는 늘 제2, 제3의 채털리 부인이 함께한다는 사실을.

그곳은
짐승들 천지였다

포르노의 특징은 지저분하다는 게 아니라
지겹다는 데 있다.
내 영화는 최소한 지겹지는 않다.

틴토 브라스(1933~)

《로마인 이야기》는 흥미로운 역
사서다. 10년 전 한국에서 선풍적인 인기를 끈 이 책은 로마 시대
영웅호걸들의 활약상에 저자 시오노 나나미鹽野七生의 감칠맛 나는
글재주가 가미된 15권짜리 시리즈다. 저자는 지배자와 영웅 위주
의 사관에다가 문학적 상상력을 발휘해 사료의 한계를 극복했다
고 한다.

2014년 일본《문예춘추》지에 실린 한국 위안부 사태에 대
한 망언은 그녀의 군국주의적 정신세계를 증명하는 대표적인 사
례다. 또 한일 양국의 역사 문제에 대해서도 각자 다른 버전의 역
사 교과서를 가지면 된다고 말한 바 있다. 결국, 그녀의 로마인 이
야기는 '로마인 찬양 일변도'로 정리되는 대하소설 그 이상도 이

하도 아님을 짐작할 수 있다.

'역사란 늘 지배하는 자의 전유물'이라는 일그러진 프레임으로 보자면 로마의 역사는 자자손손 자랑할 만한 부분이 적지 않다. 이탈리아 파시즘의 상징이었던 베니토 무솔리니가 왜 로마 시대의 재현을 갈망했는지, 왜 일본보다 한국에서 영웅 사관의 결정체인《로마인 이야기》가 더 인기를 끌었는지, 왜 망국적인 국정교과서 논쟁은 퇴행을 거듭해야 하는지에 대한 안타까움을 금할 길이 없다.

자본주의적 관점으로 바라보자면 국가의 역사는 기업의 역사와 거의 일치한다. 이를테면 경영학 분야의 연구 사례는 크게 두 가지로 좁혀진다. 지금까지 문 닫지 않고 장사하는 성공한 기업과 한때 번창했으나 시대의 조류에 편승하지 못하고 사라진 기업이 그것이다. 세월이 가도 변함없는 존재감을 보여주는 문화예술품과는 가치의 척도 자체가 다르다.

로마의 역사를 바라보는 시선 또한 이와 비슷하다. "주사위는 던져졌다"라고 외친 가이우스 율리우스 카이사르Gaius Julius Caesar를 비롯한 전쟁광의 활약상도, 불리한 신체 조건에도 탁월한 전투 능력을 보인 로마 병사의 기세도, 원주민이 점령지를 다스리도록 한 개방적인 통치 전략도 역사의 장구한 흐름 앞에서는 별무소득이었다. 결국, 사가들의 관심거리는 로마의 노회한 통치력의 한계와 욕망의 끝으로 치달은 지배자의 타락이었다.

시오노 나나미가 책에 소개하기를 부담스러워했던 인물이 있다. 그녀는 로마의 제3대 황제인 칼리굴라Caligula가 무척이나 눈에 거슬렸던 모양이다. 로마 시대를 주름잡았던 안하무인형 인간인 그에게서 억지로 영웅적인 면모를 끌어내기란 쉽지 않았을 것이다. 대하 역사서의 줄기는 잡아놓았는데 천덕꾸러기 황제가 불쑥 등장하니, 이를 개연성 있게 이끌어갈 만한 근거가 부족했음이 분명하다.

로마 시대 최고의
섹스 중독자

칼리굴라는 네로Nero 황제 못지않게 악명을 떨쳤던 인물이다. 그는 서기 37년 로마 황제 티베리우스Tiberius의 입양아로 키워진다. 자신이 황제가 되지 못하면 누군가에게 살해당할지도 모른다는 강박 속에서 성장한 칼리굴라. 호시탐탐 기회를 노리던 그는 궁정의 수호 대장과 합세하여 양부모를 살해하고 25세의 나이에 왕좌에 오른다.

성정을 베풀던 칼리굴라였지만, 자신과 동거하던 여동생이 죽자 왕궁을 커다란 매음굴로 만들어 성적 쾌락에 몰입하기 시작한다. 이탈리아 출신 감독인 틴토 브라스Tinto Brass의 영화 '칼리굴라'는 성적 판타지에 몰입했던 섹스광 로마 황제를 그려내 그를 부러워하는 수많은 추종자를 양산한다.

예나 지금이나 권력은 자본과 결합하여 초월적인 힘을 가진다. 21세기에 등장하는 제2의 칼리굴라는 권력자뿐 아니라 자본가도 예외가 될 수 없다. 곳곳에 아방궁을 설치하여 롤리타 신드롬을 실현하는 재벌이 있는가 하면, 수많은 연예인과 염문을 뿌리는 재벌가 자제가 기삿거리가 되기도 한다. 문제는 이들의 무한 욕망을 선망하는 대중의 시선이다. 그들의 파렴치한 성행위 전력을 비난하면서, 한편으로는 그들의 사생활을 흠모하는 도덕성의 이중 구조를 말하는 것이다.

세상에서 가장 많은 생명체를 멸종시킨 종자. 반대로 자신의 이해관계를 포기하고 사회적 행동에 나설 수 있는 유일한 생명체. 수많은 비합리적 행동을 합리화하는 두뇌를 지닌 존재가 바로 인간이다. 따라서 칼리굴라의 파행적인 삶은 물질과 권력이 보장된 평범한 인간의 삶과 크게 다르지 않다. 틴토 브라스 감독은 영화를 통해 말한다. '그 누가 칼리굴라를 비난할 것인가? 어쩌면 우리가 모두 칼리굴라가 아닌가'라고.

칼리굴라의 실정失政은 계속된다. 연일 반복되는 축제에 국고는 바닥나고 시민들은 황제의 폭정에 정신을 놓는다. 결국, 새로 임명한 수호 대장의 칼에 최후를 맞는 칼리굴라. 비록 그는 사라졌지만 새로운 지배자의 출현과 폭정은 역사의 수레바퀴 속에서 여전히 반복되고 있다. 권력은 인간의 이성을 마비시키고, 본능에 불을 지피는 최고급 품질의 마약과 비슷하다.

제2의 칼리굴라가
사는 세상

칼리굴라가 살았던 로마 시대와 오늘날은 권력이 존재한다는 점에서 공통점을 지닌다. 세상은 늘 권력자를 원하고, 권력자는 억압을 통해서 국민을 통제하려 든다. 방법의 차이가 존재할 뿐, 권력과 억압이라는 악어와 악어새의 관계는 시대를 초월한다. 영화 '칼리굴라'를 보면서 폭군의 만행에 분노하기보다 그가 저지르는 일탈 장면에 집중하는 관객이 적지 않을 것이다. 영화의 제작 의도 또한 이와 크게 다르지 않다. 그렇게 권력과 억압의 이중주는 스크린을 통해서 관객이 스스로 오류를 정당화하도록 만든다.

작금의 현실에서는 수많은 섹스 스캔들에도 백인이면서 정치 자금이 넉넉하다는 이유로 미국 대통령에 당선되기도 한다. 도널드 트럼프Donald Trump는 선거 준비 과정에서 막말은 기본이고, 역사에 대한 기본적인 학습조차 되어 있지 않은 인물이다. 미국인들은 언어 표현력조차 갖추지 못한 덩치 큰 백인 남성을 황제로 등극시켰다. 그는 인종주의자인 동시에 레이건 시대 이후 미국 제일주의를 주창하는 패권주의자다. 그가 과거에 저질렀던 탈세와 과소비, 성적 일탈은 권력자라는 이유 하나만으로 깨끗이 무시되는 암울한 형국이다.

과연 세계 최고의 무기 판매국이자 전쟁 애호가가 모인 미국에서 권력과 억압의 역사는 어떤 결과물을 낳을지 궁금해진다.

091

제2, 제3의 칼리굴라가 21세기에도 아무렇지 않게 세상을 활보하고 있는 상황이다.

모든 권력은
부패한다

역사는 인문학의 중추를 이루는 학문이다. 역사를 제대로 알지 못하는 자는 정치를 이해할 수 없으며, 언론의 추종자거나 사회의 주변인으로 살아갈 뿐이다. 따라서 인간은 역사를 통해서 권력의 순환 구조를 밝혀낼 수 있으며, 모든 권력은 허망한 욕망의 배설물이라는 사실을 깨달아야 한다. 칼리굴라의 삶은 권력지향형 인간의 사계절을 보여준 대표적인 사례다. 지금도, 앞으로도 칼리굴라의 생을 꿈꾸는 수많은 권력중독자의 굶주린 절규가 멈추지 않을 것이다.

데이비드 L. 와이너David L. Weiner는 저서 《권력중독자》에서 말한다. 당신의 일생에서 성적 욕구가 너무 강해서 이성을 눌러버리고 모든 주의와 조심성을 내던져버렸던 순간이 있을 수 있다고. 아니면 당신과 전혀 어울리지 않은 상대에게 낭만적인 애착을 가졌을 수도 있다고 말이다. 문제는 이러한 현상이 권력과 자본의 우산 아래서 아무렇지 않게 행해진다는 사실이다.

이성이 증발해버린 욕망의 해결책은 뜻밖에 간단하다. 권력과 자본으로부터 자유로워지는 것이다. 여기서 말하는 자유란 권력과 자본을 포기함으로써 얻을 수 있는 새로운 세상을 의미한다. 영원한 자유를 원하는가. 그렇다면 이들의 유혹으로부터 얼마나 멀리 떨어져 있는지 스스로 검열해보도록. 권력과 자본의 중독자는 영원토록 자유를 누릴 수 없는 욕망 덩어리에 불과하다는 사실을 잊지 말자.

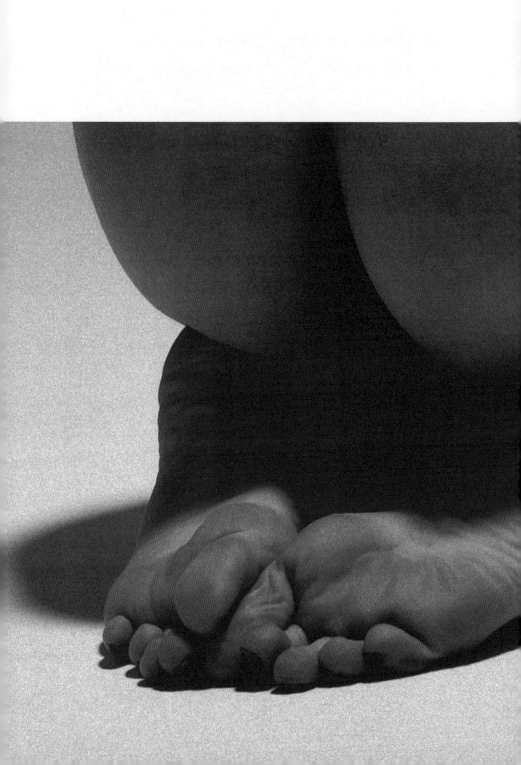

새로운 지배자의 출현과 폭정은
역사의 수레바퀴 속에서 반복되고 있다.
권력은 인간의 이성을 마비시키고,
본능에 불을 지피는
최고급 품질의 마약과 비슷하다.

벗는 자와
벗기는 자

부끄럽기 때문에 감추는 것이 아니라.

감추기 때문에 부끄러움이 생긴다.

요네하라 마리(1950~2006)

혈기왕성한 20, 30대 남성들에게
이성의 속옷이란 금기의 영역이자 무한 욕망의 마지막 관문이다. 학창 시절 우연한 기회에 이성의 팬티를 보았다는 친구의 무용담은 늘 호기심의 대상이었다. 이렇게 우리는 팬티에 대한 호기심만큼이나 궁금증도 참 많았다. 그렇다면 팬티는 언제부터 팬티라고 불리기 시작했을까?

영어가 대부분을 차지하는 외래어는 잘못 쓰이는 경우가 꽤 많다. 예를 들어 격려나 응원의 구호로 쓰이는 '파이팅Fighting'이라는 영어는 미국에서 '고고Go Go' 또는 '해브 어 그레이트 데이Have a great day'로 쓰여야 적절하다. 지나가는 미국인을 붙잡고 파이팅이라고 외쳐봐야 공연한 시비에 휘말리지 않으면 다행이다.

'빤쓰' 또는 '팬티'라고 칭하는 속옷 또한 마찬가지다. 이는 남성과 여성을 구분 짓지 않는다면 '언더웨어Underwear'가 무난하다. 성별을 구분하자면 남성의 것은 '브리프스Briefs', 여성의 것은 '팬티스Panties'가 적확한 표현이다. 안경이나 양말, 바지처럼 짝이 지어지는 사물은 복수형을 쓰면서 왜 팬티는 한쪽에만 규칙을 적용하는지 궁금하다. 게다가 여성용 속옷으로 지칭되는 팬티를 한국에서는 왜 남성에게도 적용하는지 의문스럽다.

영어 수업이 아니므로 용어는 그냥 팬티로 통일하기로 하자. 이밖에도 팬티에 대해 드는 의문이 많다. 왜 팬티가 패션의 시작이자 마지막인지, 왜 많고 많은 디자인과 색상의 팬티가 활개를 치는지, 왜 팬티와 관련한 이런저런 문화들이 생겨난 것인지 등등. 수많은 궁금증을 하나씩 풀어보자.

팬티라고 불리는 인류의 마지막 내피는 두 가지 역할을 한다. 첫째는 성기와 항문을 통해 흘러나오는 두 가지 분비물을 막아주는 기능적인 역할이다. 다음은 인간의 가장 은밀한 부위에 대한 성적 상상력을 자극하는 이미지로서의 역할이다.

인간을 둘러싼 사물 중에서 사실 팬티만큼 중의적인 것도 드물다. 팬티의 모양새 또한 기능이냐, 이미지냐에 따라서 극단적인 디자인을 지향한다. 예를 들어 T팬티는 기능보다는 성적 매력의 마지노선으로 쓰인다. 물론 팬티 라인을 감추기 위해 착용하는 사람도 있지만, 비율은 그리 높지 않을 듯싶다. 임산부 전용 팬티는 철저하게 기능성을 추구한다. 그렇다면 투명한 팬티는 어떤가. 훔쳐보기에 열광하는 이들에게 투명 팬티는 성적 판타지의 결정체다. 보여주기로 작정했지만, 최대한 자극적으로 보여주겠다는 노출에 대한 주체성의 발로다.

디자인과 색상으로 살펴보는 팬티는 또 어떤가. 레이스 팬티와 검정 팬티, 붉은 팬티는 유혹을 상징한다. 반면 민무늬 팬티와 흰색 팬티는 청결을 상징한다. 결국 팬티는 크기, 투명도, 디자인, 색상에 따라서 그 운명을 달리한다.

여기, 팬티에 대해 인문학적 해석을 곁들인 작가가 있다. 일본의 통역사이자 작가인 요네하라 마리米原万里다. 책 제목은《팬티 인문학》, 부제는 '유쾌한 지식여행자의 속옷 문화사'다. 저자는 인간이 언제부터 속옷을 착용하게 됐는지 역사적 고찰을 통해 팬티의 인문학적 의미를 밝혀내고자 한다. 말 그대로 팬티와 인문학의 융합적 글쓰기를 실현한 것이다.

그것은 천 조각일까,
팬티일까

책의 첫 구절은 선동적인 문구로 포문을 연다.

하반신에 입는 속옷은 사회와 개인, 집단과 개인, 개인과 개인 사이를 분리하는 최후의 물리적 장벽이다.

저자는 인류의 조상인 아담과 이브가 사용했던 무화과 나뭇잎이 인류 최초의 팬티라고 정의한다. 현시대에서 결혼 적령기에 이른 여성이 사랑하는 이에게 보여주고 싶지 않은 것은 성기가 아닌 팬티 또는 팬티의 초라함이라고 친절하게 설명한다.

인류가 당연시 여겼던, 반드시 착용해야 한다는 속옷에 대한 고정관념을 깨뜨리는 일화를 빼놓을 수 없다. **전후 독일에서 거주하던 소련인 장교 부인들은 외출 시 속옷 차림으로 당당히 집을 나섰다. 서민 출신인 그녀들은 레이스 달린 팬티와 브래지어를 속옷으로 생각하지 않았다고 하니, 속옷이란 그리 오래된 역사적 산물이 아니라는 증거다.** 지금이라면 경범죄로 즉결심판에 넘어가야 할 상황이 독일 한복판에서 버젓이 벌어지고 있었던 셈이다.

또 다른 재미난 사례가 많다. 1945년부터 3년간 시베리아 수용소에서 일했던 소련인 간수들은 용변 후 바로 하의를 착용했다. 교도소에는 용변용 휴지가 배급되지 않았으니, 그들의 속옷 상태가 비위생적이었음은 말할 것도 없다. 신사의 나라로 알려진 영국 또한 예외가 아니었다. 필립 공이나 찰스 황태자 등 영국 왕족이나 귀족들은 공식 행사가 있을 때 전통 복장인 스커트를 착용했다. 남성들이 스커트를 입을 경우에는 속옷을 입지 않았다는 불문율이 전해진다. 상상만 해도 코웃음이 나오는 풍경이다.

이번에는 깔끔하다고 소문난 일본인 차례다. 요네하라 마리는 패전 후 일본 농촌의 생활상을 예로 든다. 당시 일본 시골에서 속옷이라고 하면 여자는 속치마, 남자는 훈도시였다. 남자는 밭일을 하다 흥이 나면 훈도시를 벗은 채 일에 열중했다. 이는 부끄러움을 몰라서가 아니라, 감추기 때문에 부끄러움이 생긴다는 역설과 일치한다. 속옷이라는 존재가 일상화하면서부터 부끄러움의 문화가 심화했다고 짐작할 수 있다.

팬티 인문학의
종착역

아프리카의 일부 원주민들은 속옷을 입지 않거나 끈이 엉덩이 사이를 가로지르는 그들만의 팬티를 입는다. 그들에게 속옷이란 애초부터 존재하지 않았다. 속옷 없이 지내는 일상이 그들에게는 오히려 자연스럽다.

실화를 바탕으로 한 영화 '미션'은 1750년에 가톨릭 신부 일행이 남미의 오지로 선교활동을 가서 미개한 원주민들을 구원하려 한다는 내용이다. 그러나 과연 누가 남미의 원주민들을 구원의 대상으로 볼 수 있겠는가? 구원이라는 발상과 그러한 행위 자체가 일종의 문화적 강요라는 인종주의적 시도다.

모든 서양인이 날 때부터 팬티를 입었던 것은 아니다. 모든 서양인이 날 때부터 문명화화 삶을 살아온 것도 아니다. 따라서 서양 문명이 절대적으로 우월하지도, 남미 원주민이 결코 열등하지도 않다는 것을 알 수 있다. '미션'은 원주민의 시각이 철저하게 배제된, 종교인과 권력자 중심의 상업 영화인 셈이다. 원주민의 미션은 어디에도 없고, 백인의 미션만이 존재하는 쓸쓸한 영화다.

101

속옷의 역사에 숨어 있는 폭력의 흔적은 영화 '미션'에서
만 확인할 수 있는 부분이 아니다. 이는 지역과 인종, 문화에 따라
서 과대 포장되는 일종의 상징물이라 정의할 수 있다. 따라서 요
네하라 마리가 미처 언급하지 못한 팬티의 비밀은 팬티가 차별의
역사를 말해주는 증거라는 것이다.

지금까지 살펴본 팬티 인문학의 정체성은 팔색조에 가깝
다. 지정학적 위치와 국가, 문화, 인종, 개인의 취향에 따라 팬티
는 생활필수품에서 패션 용품, 성적 매력을 더해주는 도구 등으
로 기능이 다양하다. 나아가 우리는 팬티를 통해 세상의 모든 억
압을 찾아 전복시켜야 함을 깨닫는다.

팬티의 실용적인 기능보다 성 역할에 무게를 둔다면, 팬티
만큼 음란 무쌍한 의류도 없다. 그것은 팬티 속에 감추어진 인간
의 성적 교란 매체가 시도 때도 없이 권토중래를 꿈꾸기 때문이
다. 따라서 팬티란 태초부터 음란성에서 자유롭기 힘든 존재다.
그렇다면 주어진 과제는 하나다. 우리 모두 팬티가 지닌 음란성
을 밑바닥에서부터 인정해야 한다는 것. 팬티가 가진 성적 판타
지를 있는 그대로 받아들이는 것. 마지막으로 팬티가 상징하는
인문학적 가치를 깎아내리지 않는 것이다.

팬티 인문학의 종착역은 인종주의적 편견을 심어준 영화
'미션'과 달라야만 한다. 팬티란 문명인의 전유물이라는 편견을
깨뜨려야 하며, 팬티를 입지 않는다는 이유로 그 누구도 차별하
거나 무시해서는 안 된다. 그리하여 물질을 거세한 인간 중심의

세상을 구현하는 것. 이것이 바로 요네하라 마리가 원했던 팬티 인문학의 음란 정신이다.

느끼지 못하는
연인들

그대의 어디를 움켜쥐어 잠시 멈추어 있게 할 수 있을까.

김기덕(1960~)

오늘날 인간은 인격보다 외모에 105 더 가치를 둔다. 첫인상으로 인간의 많은 것을 판단하려는 사회에서 추남 추녀의 진정성은 평가절하되기 쉽다. 수단과 방법을 가리지 않고 잘생기고 예뻐야 대접받는 세상. 그들의 마지막 선택지는 첨단 성형 기술의 수혜자가 되려고 지갑을 여는 것이다. 오늘도 평범한 외모를 가진, 또는 우월한 외모로 상향 조정하려는 자들이 성형외과 수술대에 눕는다. 누구도 그들에게 돌을 던지지 못한다. 인간은 외모 지상주의의 우산 아래 사는 심인성 열등생이자 억압의 희생양이다.

2006년 개봉한 김기덕 감독의 영화 '시간'은 외모 지상주

의에 함몰해가는 도시 남녀의 풍속도를 들여다볼 수 있는 문제작
이다. 영화는 김기덕 감독 특유의 신선한 발상과 충격적인 반전
이 이어진다.

세희가 잠적한
이유는

세희(성현아 분)와 지우(하정우 분)
는 2년간 연인 관계를 유지하고 있는 커플이다. 시간이 흐르면서
서로에게 익숙해진다는 것은 그만큼의 무관심을 동반한다. 카페
에서 데이트하다가도 본능적으로 다른 이성에게 눈길을 돌리는
지우. 세희는 불안감에 휩싸이고 남자친구의 무관심이 자신의 외
모 탓이라고 자책한다. 그녀의 거듭되는 히스테리에 지우는 조금
씩 지쳐간다. 그들은 오래된 연인들의 통과의례인 권태기에 들어
선 상태다.

고민 끝에 세희가 내린 결론은 성형이다. 그녀는 자신의 외
모를 바꾸기 위해 잠시 지우 곁을 떠난다. 그제야 세희의 빈자리
가 아쉬운 지우는 지난 추억을 떠올리며 그녀와 다시 만날 날을
학수고대한다. 그렇게 5개월이 흘러 그들은 극적으로 재회한다.
그러나 지우는 세희의 과거 모습을 그리워하고, 세희는 자신의
판단이 잘못되었음을 깨닫는다.

성형하기 전의 얼굴 사진을 뒤집어쓰고 나타난 세희를 보
며 지우는 자신이 불러온 무시무시한 변화를 감당하지 못한다.

결국 그는 세희의 눈높이에 맞추기 위해 성형수술을 감행한다. 두 남녀는 서로의 달라진 모습을 응시하면서 괴로워한다.

시간은 인간을 성숙하게도 하지만, 인간의 어리석음을 꾸짖는 마법의 지팡이와 같다. 감독은 영화를 통해서 시간 앞에 어리석게 변해가는 인간의 한계를 집요하게 물고 늘어진다. 영화 내내 이어지는 정서적 불편함은 모든 인간이 가진 태초의 이기심과 욕망에 대한 채찍질이다.

루키즘Lookism은 외모가 개인의 우열과 성패를 가름한다고 믿어 외모에 지나치게 집착하는 외모 지상주의를 일컫는 용어다. 1970, 80년대만 해도 성형수술이란 배우나 모델들만 하는 제한적인 영역이었다. 지금은 연기를 위해서, 취업 면접을 위해서, 자기만족을 위해서 남자도 성형외과의 문을 두드린다. 달라진 외모는 자신감으로 승화하기도 하지만, 인격의 성장이 뒷받침되지 않는 이들에게 아름다운 외모란 그저 껍데기에 불과하다.

〈뉴욕타임스〉의 칼럼니스트인 윌리엄 새파이어William Saphire는 루키즘을 이념, 인종, 성별, 종교 등에 이어 새롭게 등장한 2000년대의 문화적 차별 요소라고 말한다. 이는 인간의 외모가 개인의 우열뿐 아니라, 인생의 성패까지 좌우한다고 믿어 외모에 지나치게 집착하는 경향 또는 그러한 사회 풍조로 집약된다. 새파이어는 앞으로 외모가 개인의 사생활은 물론이거니와 사업, 취업, 승진에 이르는 사회생활의 결정적인 요소가 될 것이라고 예

107

언한다. 따라서 인간은 학습보다 외모를 가꾸는 데 큰 비용과 시간을 투자할 것이라는 암울한 결론에 이른다.

외모 지상주의는 미디어 강국인 한국에서 더욱 기승을 부린다. 소셜네트워크서비스sns는 자신의 이미지를 자유롭게 드러내면서 일상에 의미를 더하는 소통 매체다. 한국의 얼짱 문화는 이러한 보여주기식 미디어 매체의 활성화에 기인하여 탄생한 결과물이다. 21세기형 외모 지상주의는 젊은 세대의 폭발적인 미디어 매체 이용으로 광란의 질주를 하고 있다.

미모라는 이름의
마취제

문제는 외모 지상주의가 지닌 폭력성이다. 유대인과 유색인종에 대한 차별이 개인만의 문제가 아니라는 점에서 외모 지상주의 또한 비슷한 문제를 안고 있다. 차이라면 인간의 외모는 과학기술에 힘입어 어느 정도까지는 바꿀 수 있다는 점이다.

사고나 폭력, 천재지변에 따른 피해로 성형수술을 하는 자는 예외로 치자. 외모로 일상에서 크게 불편을 겪거나 자존감이 바닥을 친 경우까지도 예외로 한다. 그들이 겪어야 하는 사회적 고통과 억압은 상상을 초월한다. 외모란 소통의 첫 번째 관문이자 자신을 드러내는 시작점이기도 하니까.

광고 회사 제일기획이 여성 200명을 대상으로 조사한 '파란통신 라이브 보고서'를 살펴보자. 보고서에 따르면 대다수 여성이 미모를 필수라고 생각하는 것으로 나타났다. 게다가 상대방의 피부나 몸매를 통해 생활수준까지 짐작할 수 있다고 생각했다. 실제 입사 면접에서 외모로 인한 불이익을 당하는 경우가 종종 있다. 이런 문제점은 입사 이후에도 계속된다. 업무 능력이 다소 떨어져도 외모가 출중한 직원이 상대적으로 유리한 대우를 받는 일은 사회 곳곳에서 허다하게 벌어지고 있다.

외모 지상주의는 미디어 세대만의 악습이 아니다. 인간의 성을 상품화하려는 자본가와 대중매체 간의 연합 노선이 그 원흉이라는 점을 잊어서는 안 된다. 물론 성형수술과 무리한 다이어트를 통한 외모 가꾸기가 삶의 긍정적인 원동력이 될 수도 있다. 하지만 대중의 관심이 온통 외적 아름다움에만 몰린다는 사실은 그만큼 내적 발전의 기회를 포기하는 역효과를 불러일으키게 마련이다.

외모에 대한 인간의 원초적인 욕망은 시간을 초월한다. 주름살을 없애고, 피부를 표백하고, 지방을 제거하고, 콧등을 높이면서 사람들은 새로운 기회와 희망을 기대한다. 일등을 제외하고는 모두가 패배자라는 신자유주의식 승부 방정식이 성형수술의 천국인 한국에서 외모 지상주의로 형체를 바꾸고 있다. 오늘도 미디어 광고에서는 브이자형 턱선을 가진 성형 미인들이 일상에서 없어도 그만인 기호품들을 홍보한다. 그들은 외모 지상주의를 부르짖는 두 번째 '소돔과 고모라 시대'의 간판스타다.

109

다시 '시간'
들여다보기

영화 초반부에서 자신의 외모에 병적으로 집착하는 세희를 비난하는 관객이 적지 않을 것이다. 연인을 향한 지우의 모호한 태도에 거부감을 느끼는 이도 있을 것이다. 누구의 잘못도 아니라는 가치중립적인 생각을 하는 이도 있을 것이다. 세희의 잠적 이후, 지우의 방황에 공감하거나 이를 자업자득이라고 여기는 사람 역시 존재할 것이다.

이들의 착각은 무엇일까? 서로를 자유로운 시각으로 수용하지 못하는 미성숙한 자아에서 착각의 이유를 찾고 싶다. 서로를 위해 성형수술을 강행한 세희와 지우, 이 둘은 마지막까지 자신들의 마음속에 깊이 감추어둔 음란한 본능을 깨닫지 못한다는 점에서 동일한 인물이다. 음란한 본능의 정체란 무엇일까. 그것은 내면의 성적 매력을 가꾸고 지켜나가는 행위이자 용기다. 그들은 권태와 유혹이라는 오래된 연인들의 높고 단단한 벽을 무너뜨리기 위해 극단적인 방법을 동원했을 뿐이다.

영화는 지우의 죽음으로 끝난다. 사랑으로 시작한 이들의 만남은 시간 속에서 정체하고, 갈등하고, 변신하고, 다시 과거를 추억하면서 엽기적인 자기 파괴의 형태로 파국을 맞는다. 세희와 지우의 인연은 설득력을 잃었다. 그들은 자신을 음란한 존재로 받아들이지 못한 비겁한 연인에 불과했다. 속절없이 흘러가는 시간 속에서 서로의 매력을 더는 찾지 못하는 안타까운 경계인들이다. 따라서 아무렇지 않게 음란성을 포기한 그들의 노력은 1퍼센트의 가능성도 찾을 수 없는 절망적인 관계로 마무리된다.

　　과학의 발전으로 음란한 열정을 되살릴 수 있는 비타민이 있다면, 세희와 지우의 관계는 비극으로 치닫지 않았을 것이다. 감독은 말한다. 우리는 또 다른 시간을 살고 있는 세희와 지우라고. 사라진 음란 정신을 복원하지 못하는 한, 미디어 매체에 그려지는 사랑이란 메두사의 가면을 쓴 허울일 뿐이라고.

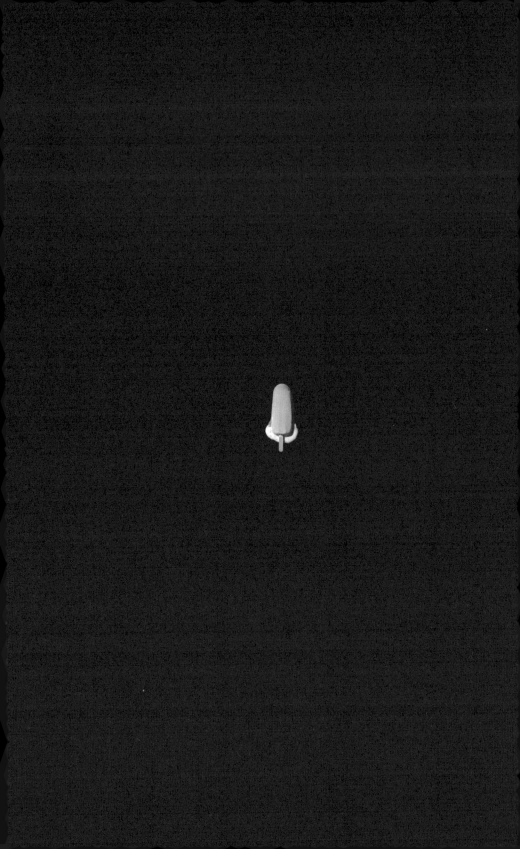

PART 3

차별
약자의 음란한 성숙

무지한 성적 인간은 끊임없이 차별을 만든다. 여자, 유색인종, 동성애자는 그들이 행하는 유무형의 폭력을 견뎌온 피해자다. 슬프게도 그 칼날을 피하기란 쉽지 않았다. 그러나 모든 인간은 평등하기에 우리는 이제 기득권자가 퍼뜨린 차별 바이러스를 몰아내야만 한다.

'괴물' 아닌
인간으로 바라보라

여기는 필라델피아입니다.

형제애의 도시이며 자유의 탄생지로, 독립선언의 장소입니다.

제 기억으로 독립선언문에는 '모든 이성애자는 평등하다'가 아닌

'모든 인간은 평등하다'고 나와 있습니다.

조나단 드미(1944~2017)

인류의 역사는 계급 차별에 맞서 온 투쟁의 역사다. 프랑스 대혁명이 그랬고, 미국 남북전쟁이 그랬으며, 프랑스 68혁명도 다르지 않았다. 지배하는 자는 욕망이라는 이름의 만리장성을 쌓았고, 지배받는 자는 차별이라는 장벽을 무너뜨리기 위해 목숨을 걸었다.

유색인종과 동성애자는 계급 차별의 단골손님이었다. 이성 간의 섹스는 성스럽고 동성 간의 섹스는 추잡하다는 생각. 백인이 옆자리에 앉는 것은 괜찮지만, 흑인이 앉으면 슬금슬금 옆으로 이동하는 행위. 당신도 그렇다면 이미 계급 차별의 수렁에 빠진 유색인종임을 인정해야 할 것이다.

무대는 미국 필라델피아의 번화가. 정장 차림의 흑인 중년 남성이 슈퍼마켓에 들어가 물건을 고르고 있다. 그의 근처에서 맴도는 또 다른 젊은 흑인 남성이 보인다. 젊은이는 중년 남성에게 다가가 슬쩍 말을 건넨다. 자신은 현재 필라델피아 인근 주립대학교에서 법학을 전공하는 학생이라고. 청년의 아는 척에 친절하게 고개를 끄덕이던 남자의 표정이 갑자기 일그러진다. 이유는 청년이 데이트 요청을 했기 때문이다. 흥분한 중년 남성이 청년을 밀치면서 외친다. "네 눈에는 내가 게이처럼 보이냐?"

중년 남자 역을 맡은 인물은 덴젤 워싱턴Denzel Washington. 이 에피소드는 1994년 국내에서 개봉한 조나단 드미Jonathan Demme 감독의 영화 '필라델피아'의 한 장면이다. 덴젤 워싱턴은 영화에서 톰 행크스Tom Hanks와 함께 절정의 연기 내공을 보여준다. 가수 브루스 스프링스틴Bruce Springsteen이 열창하는 소외당한 자를 위한 진혼곡이자 주제곡 '필라델피아의 거리에서' 또한 영화의 무거운 분위기를 전달하는 데 커다란 역할을 한다.

추락하는 앤드루에게
날개는 없었다

백인 변호사 앤드루(톰 행크스 분)는 필라델피아에서 가장 유명한 법률사무소의 간판스타다. 어려운 사건마다 승소하는 젊고 능력 있는 앤드루에게 원로 변호사들은 하나같이 절대적인 신뢰를 보낸다. 승승장구하는 앤드루에게도 사회생활에 치명적인 약점이 있었는데, 바로 동성애자라는 사실. 회사의 선임들이 동성애자를 혐오한다는 사실을 잘 아는 앤드루는 자신의 정체성을 철저히 비밀에 부친다. 그러던 어느 날, 앤드루는 하이라인이라 불리는 거대 기업의 변호를 맡는다. 그가 속한 법률사무소에서 해결해야 할 최대 규모의 수임 건이었다. 그런 그에게 갑자기 청천벽력 같은 시련이 닥친다. 에이즈AIDS에 걸린 것이다.

힘든 상황에 놓인 앤드루에게 두 번째 시련이 닥친다. 그가 완성한 하이라인 사의 고소장이 마감 전날 사라진 것이다. 이 사건으로 앤드루는 회사로부터 해고 통보를 받는다. 자신의 해고가 위법이라고 판단한 앤드루. 그 배경에는 그가 에이즈 환자라는 사실을 알고 해고 사유를 조작한 법률사무소의 음모가 있었다. 당시는 동성애가 에이즈 창궐의 주범으로 지목되던 시기였다. 그렇게 그는 다윗과 골리앗의 싸움을 시작한다.

앤드루는 법률사무소 대표를 상대로 소송을 제기하고자 변호사 조(덴젤 워싱턴 분)를 찾는다. 조는 처음에 앤드루가 에이즈 환자라는 이유로 소송을 거절한다. 하지만 앤드루가 억울한 상황에 처했다고 심적 확신을 한 조는 길고 지루한 법정 투쟁에 동참한다. 마침내 조는 앤드루가 해고당한 사유가 변호사로서 해야 할 역할을 하지 못해서가 아니라 에이즈 때문이었다는 진실을 밝혀낸다.

조나단 드미 감독은 흑인 변호사 조와 백인 변호사 앤드루

117

를 의도적으로 비교하면서 이야기를 풀어나간다. 초반부에 등장하는 앤드루는 말 그대로 자본과 권력, 명예, 세 가지를 모두 가진 남부러울 것 없는 지식층 독신남이다. 반대로 조는 가정적으로는 화목하지만 사회적으로는 차별받는 흑인이다. 변호사로서 지명도도 앤드루와는 비교가 안 될 정도로 낮다.

주목해야 할 것은 평생을 소수자로 취급받아온 조의 시선에 비친 또 다른 소수자의 모습이다. 청교도 문화에서 흑인보다 더 하위 계급으로 취급받는 동성애자, 그중에서도 에이즈라는 불치병에 걸린 앤드루. 엘리트 백인 변호사에서 순식간에 최하위 계급으로 추락한 앤드루를 착잡한 심경으로 바라보는 조. 영화는 유색인종이라는 이유로 인종주의적 편견의 희생자였던 조의 시선을 통해서 계급 차별의 실타래를 차츰차츰 풀어간다.

엘리트 백인 변호사의
두 번째 변신

앞서 조라는 인물은 자신에게 추파를 던지는 흑인 동성애자에게 이렇게 외친다. "너 같은 놈들 때문에 동성애자가 피해를 보는 거야." 동성애 자체를 금기시하던 조의 변화가 느껴지는 인상적인 장면이다. 흑인이라는 이유로 차별의 희생양이 되었다고 생각했던 조. 그는 앤드루와의 만남을 통해서 자신 또한 동성애자를 차별하는 또 다른 인종주의자였음을 깨닫는다. 이에 반해서 앤드루는 동성애자를 향한 사회적 질타를 두려워하다 해고를 당한 뒤에야 정체성을 찾는다. 절체절명의 위기가 앤드루를 인문학적 인간으로 다시 태어나게 해준 셈이다.

영화의 결론은 중요하지 않다. 이길 수 없는 싸움으로만 보이던 치열한 법정 투쟁도, 약자 앤드루의 손을 들어주는 할리우드 영화의 흥행 방정식도, 죽음으로 마무리되는 에이즈 환자의 쓸쓸한 모습도 중요하지 않다. 이미 영화 중반부에서 감독이 전달하고자 하는 결정적인 메시지가 등장하기 때문이다.

다수결을 중시하는 민주주의 또는 공리주의의 입장에서 해석하자면 성 소수자는 영원한 패자여야 한다. 세상에는 동성애자보다 이성애자가 압도적으로 많다. 다양한 인종이 사는 미국 사회에서 유색인종의 입지는 위태롭기 그지없다. 게다가 에이즈 환자라면 더 말할 나위가 없다. **사회와 국가가 만들어낸 다수자의 이데올로기는 소수자를 위한 특별석을 따로 마련해주지 않는다. 하물며 성 소수자를 향한 처우는 언제나 어둠에서 벗어나지 못하고 있는 형편이다.**

119

재레드 다이아몬드Jared Diamond는 《섹스의 진화》에서 섹스의 비밀을 밝히기 위해 찰스 다윈Charles Darwin의 성 선택 이론을 예로 든다. 성 선택이란 개체가 어떻게든 살아남아서 궁극적으로 종족을 번식시키려는 것을 의미한다. 다윈은 생존에 도움이 되지 않는 공작의 커다란 깃털에서 이론의 근거를 찾는다. 공작의 깃털은 생존에는 불리하지만 짝짓기에는 반드시 필요하다는 점에서 진화의 다양성을 발견할 수 있다고 한다. 재레드 다이아몬드는 성 선택 이론을 바탕으로 인류가 염원하는 섹스어필의 비밀을 찾으려 한다.

저자는 인간만이 다윈의 진화 이론을 거부할 수 있는 유일한 종임을 강조한다. 남성도 여성처럼 수유할 수 있고, 배란을 수행할 수 있다는 주장이다. 이를 확대해석하면 과학의 발전에 따라서 남성은 여성으로 변신할 수 있고, 다시 여성에서 남성으로 변신할 수 있다는 것이다. 그렇다면 영화 '필라델피아'에 등장하는 수많은 동성애자는 과학의 힘을 빌리지 않더라도 성 역할이 가능한 두 번째 인류의 모습이 아닐까?

음란하기엔
너무나 먼

인종주의자의 삶이란 음란함을 거부하는 닫힌 일상의 반복이다. 그들은 자신의 다음 생이 빈민 국가에서 태어나는 유색인종일지도 모른다는 사실을 인정하려 들지 않는다. 지금 한국에서도 수많은 차별의 역사가 반복되고 있다. 동남아 이주민을 바라보는 차가운 눈길, 비정규직을 멸시하는 정규직의 오만한 시선, 금수저를 물고 태어난 자의 무례한 태도, 영어권에 사는 백인이라면 사족을 못 쓰는 사대주의적 발상 등이 대표적인 예다.

영화에 등장하는 두 남자 주인공은 처음에는 음란하지 못했던 인물이다. 그들은 우연한 사건으로 인해 상대방의 내면을 응시하면서 마음속에 묻어두었던 음란 정신을 끄집어낸다. 상대방을 이해하고 위로하며, 사회적 편견과 과감하게 투쟁하면서 음란한 인간으로 거듭나게 된 것이다. 누구도 그들에게 차별의 벽을 깨뜨리는 화염병을 움켜쥐라고 강요하지 않았다. 그렇기에 그들은 행동하고 사유하는 인간으로 다시 태어날 수 있었다.

'차별'은 소수자를 능멸하는 폭력의 또 다른 이름이다. 이는 다수결의 원칙이 지배하는 민주주의 사회에서 흔히 벌어지는 탄압과 착취의 원흉이다. 다른 존재를 인정하지 않으려 하는 대중의 얄팍한 시선 또한 마찬가지다. 사회적 다수는 변화를 거부하고 구태의연한 관습에 끌려다닌다. 체제에 순응하는 사람들은 늘 정서적 공허함에 시달리다 눈을 감기 직전에야 자신이 사회적 소수자였다는 사실을 알아차린다. 불편함을 감수하고 사회의 뒷골목을 내다보기 위해 노력하자. 시도하지 않는 삶은 가짜다.

121

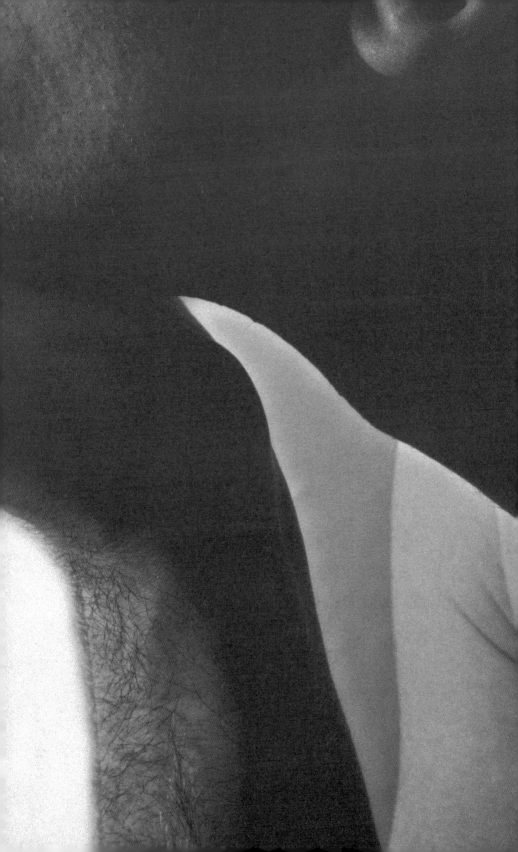

이성 간의 섹스는 성스럽고
동성 간의 섹스는 추잡하다는 생각.
백인이 옆자리에 앉는 것은 괜찮지만,
흑인이 앉으면 슬금슬금 옆으로 이동하는 행동.
당신도 그렇다면 계급 차별의 수렁에 빠진 것이다.

난 작별 인사는
하지 않아

마릴린 먼로는

마치 대중이 그녀에 대해 알고 싶어 하는 것은

무엇이든 질문만 하면 답을 얻어낼 수 있을 것같이

종종 개방적이고 여유 있는 모습을 보였다.

하지만 그것은 착각이었다.

J. 랜디 타라보렐리(1956~)

마릴린 먼로Marilyn Monroe라고 하
면 떠오르는 이미지가 무엇일까? 아마도 '세기의 섹스 심벌'일 것
이다. 마릴린 먼로는 신인 시절 인터뷰에서 "이제 더는 영화 관계
자들의 수도꼭지를 빼는 일에 지쳤다"라는 푸념을 쏟아낸다. 청
교도적인 가부장 문화가 판치던 1950년대의 미국. 그때 그 시절
의 미국은 보수적인 백인 문화가 대세이자 주류였다. 전체 인구
에서 백인 비율이 무려 70퍼센트를 상회했으며, 유색인종은 심각
한 사회적 차별을 감수해야만 했다.

여기서 '보수적'이라는 표현에 집중할 필요가 있다. 이는 남
성과 여성의 지위가 동등하지 않았다는 말과 상통한다. 당시 미
국 여성, 그중에서도 별 볼일 없는 집안에서 태어난 가난한 여인

의 운명은 유색인종과 크게 다르지 않았다. 마릴린 먼로 또한 마찬가지였다. 그녀는 정신분열증에 시달리는 어머니 밑에서 아버지가 누구인지도 모른 채 성장했다.

그녀의 본명은 노마 진 모텐슨Norma Jean Mortensen. 영국의 팝스타 엘튼 존Elton John의 노래 '바람 속의 촛불'에 등장하는 인물이 바로 마릴린 먼로다. 그녀는 20대 초반에 촬영한 누드 사진이 영화계 인사의 관심을 끌게 되어 어린 나이에 미국의 영화배우로 입문한다. 그녀를 고용했던 이십세기폭스 사는 마릴린 먼로를 당시 최고의 섹스 심벌인 '진 할로우Jean Harlow'를 능가할 만한 재목이라 판단했다. 매력적인 금발, 뇌쇄적인 몸매, 도발적인 눈웃음은 순식간에 그녀를 은막계의 섹시 아이콘으로 만들었다.

'마릴린 먼로'는 영화사 관계자들이 급조한 그녀의 새 이름이었다. 1948년 첫 영화에 출연한 그녀는 영화 '나이아가라', '신사는 금발을 좋아한다', '7년 만의 외출', '버스 정류장', '뜨거운 것이 좋아' 등을 통해서 할리우드를 대표하는 섹시 스타로 급부상한다.

육체파 여배우의
탄생

세계의 뭇 남성들은 그녀의 백치미 넘치는 미소와 육감적인 자태에 넋을 잃었다. 오죽하면 명문가 출신의 케네디 형제가 번갈아 그녀와 몸을 섞었을까. 여배우와 대통령 형제의 삼각 스캔들은 우연이 아니었다. 권력자의 주위에는 미인이 빠질 수 없으며, 미인의 주변에는 늘 사회적 능력이 보장된 남성이 들끓는다. 이유는 하나다. 고상한 정신적 소통을 위해서가 아니라 오로지 충만한 섹스를 위해서다. 날카로운 발톱을 숨긴 늑대 무리에 둘러싸인 그녀의 삶은 어려운 성장 과정만큼이나 평탄하지 않았다. 그런 외로운 여배우에게 필요한 것은 하룻밤의 섹스가 아니라 사랑이었다.

그녀의 첫 남편은 비행기 정비공 출신인 짐 도허티Jim Dougherty였다. 이들의 사랑은 4년여 만에 막을 내린다. 그녀의 배우 활동이 화근이었다. 두 번째 남편은 전설적인 야구 선수 조 디마지오Joe DiMaggio. 이번에는 남편의 상습적인 구타가 불화의 원인이었다. 조 디마지오는 훗날 자신이 결혼 시절 마릴린 먼로에게 야구방망이를 휘두르기도 했다고 털어놓는다. 마지막 남편은 극작가 아서 밀러Arthur Miller였다. 미디어에서는 '지성인과 세기의 섹스 심벌의 결혼'이라는 문구로 대중의 호기심을 자극했다. 그녀의 모든 행보가 호외가 되는, 연예인의 스캔들로 연명하는 삼류 미디어가 판치던 시절이었다.

운명의 장난일까? 그녀에게는 두 가지 이미지가 공존한다. 하나는 평범한 사랑을 갈구하는 미국 소시민의 모습이고, 다른 하나는 성적 매력이 쏟아지는 유명 연예인의 모습이다. 그녀는 자신의 비극적 이미지가 두드러질수록 대중이 자신을 향한 관심을 내려놓지 않는다는 사실을 잘 알고 있었다. 어린 시절의 성추행 사건과 누드

127

사진 스캔들이 이에 해당한다.

그녀는 대중 앞에 나설 때마다 평범한 노마 진이 아닌 배우 마릴린 먼로의 모습으로 변신했다. 짙은 붉은색 립스틱, 가슴이 최대한 노출되고 몸매가 훤히 드러나는 원피스가 마릴린 먼로의 상징이었다. 그녀는 심지어 섹시한 걸음걸이를 연출하기 위해 하이힐 한쪽을 일부러 깎아서 신기도 했다.

그녀는 〈라이프〉지와 인터뷰하면서 자신을 섹스 심벌이라고 부르는 기자의 생각은 멍청한 발상이며, 그런 표현이 이제는 지겹다고 독설을 퍼붓는다. 그러나 그녀는 끝까지 인간 노마 진으로 회귀하는 삶을 원치 않았다. 백치미를 드러내는 살인 미소와 일류 배우라는 이미지 메이킹에 끊임없이 집착한다.

인기가 추락하는 비극을 용납할 수 없었던 섹시 스타는 만들어진 이미지로 자신의 정신세계에 동맥경화를 불러일으킬 지경이었다. 급기야 대중에게 자극적인 이미지를 쏟아내야 한다는 강박에 시달린다. 자신과는 이미지가 전혀 다른 아서 밀러와 결혼한 것도 섹스 심벌이라는 이미지를 뛰어넘으려는 한 편의 연극이 아니었나 싶다.

관능에 감춰진
빛나는 지성

사실 그녀가 출연한 모든 영화가 마릴린 먼로를 스크린에서 엉덩이나 흔들어대는 여자로 묘사한 것은 아니다. 그녀는 멍청한 섹스 심벌의 이미지에서 탈출하기 위해 메소드 연기를 펼치고 독서광으로 살기도 한다. 자서전을 보면 그녀의 불안한 심경을 알 수 있다.

스타가 되는 것은 회전목마 위에 서는 것과 같다. 여행할 때도 회전목마를 가지고 간다. 그 지역 사람이나 낯선 풍경은 볼 수 없다.

마릴린 먼로는 민권운동에 참여하기도 했다. 대공황 시절, 가난했던 어린 시절이 그녀의 인생관에 영향을 미쳤다고 볼 수 있다. 그녀는 자기를 돌봐주던 이들 중 흑인 밀집 지역에서 우편을 배달하던 볼런더스 가족을 유난히 좋아했다. 〈타임〉지에 따르면, 그녀는 마틴 루서 킹Martin Luther King, 맬컴 엑스Malcolm X를 위시한 흑인 민권운동을 적극적으로 후원했다고 한다.

그밖에 쿠바의 피델 카스트로Fidel Castro 국가평의회 의장을 공개적으로 지지하는 등 자유로운 사상의 소유자였다. 또 핵무기에 반대하는 등 진보적인 정치 신념을 보인다. 1960년 핵실험을 반대하고 국제 평화를 바라는 민간 조직인 SANE의 할리우드 지부 창립 회원으로 활동하기도 한다.

자살로 마감한 그녀의 짧은 생애가, 그녀의 우울증이, 그녀를 괴롭혔던 두 가지 자아의 시발점이 바로 성적 매력과 스캔들에만 탐닉했던 대중이었다는 데는 의문의 여지가 없다. 스타란

129

대중의 사랑과 관심을 먹고 산다. 하지만 스타에게 모진 돌팔매질과 비난을 던지는 악마 같은 존재 또한 대중이다.

그녀의 죽음 이후 대중은 비련의 육체파 배우를 기억에서 삭제한다. 그녀만큼의 파괴력은 없었지만 새로운 섹스 심벌들이 탄생하고, 또 사라져 갔기 때문이다.

그녀의 37년 인생은 외로움과 혼란의 시간이었다. 그녀는 더는 풍만한 몸매를 뽐내는 섹스 여제도, 세 번의 이혼 경력을 가진 여인도, 약물 중독자도 아닌 약육강식의 세상에서 살아남기 위해 발버둥 쳤던 슬픈 마릴린이다. 엘튼 존의 '바람 속의 촛불' 가사를 보면 마릴린 먼로도 결국은 외롭고 위태로운 인간이었음을 알 수 있다.

잘 가요, 노마 진.
당신을 전혀 알지 못했지만
사람들이 주변에서 추파를 던질 때
당신은 품위 있게 스스로를 지켰죠.

사람들은 옷장에서 기어 나와
당신의 머릿속에 속삭였고
당신을 쳇바퀴에 올려놓은 채
이름을 바꾸게 했어요.

당신은 바람 속에 흔들리는
촛불처럼 산 것 같아요.
비가 내리기 시작할 때
누구에게 의지해야 하는지 모른 채 말예요.

당신을 알았더라면 좋았겠지만
난 아이에 불과했죠.
당신의 초는 오래전에 다 타버렸지만
당신의 신화는 영원히 계속될 거예요.

외로움은 견디기 힘들죠.
당신이 맡았던 가장 힘든 배역이었어요.
할리우드는 슈퍼스타를 만들었고
고통은 당신이 지불했어요.

심지어 당신이 죽었을 때도
언론은 여전히 당신을 쫓아다녔죠.
모든 신문이 떠들썩하게 보도한 건
당신이 나체로 발견됐다는 것이었어요.

잘가요, 노마 진.

그 여자의
강간범 퇴치법

겁탈 장면이 보기 불편하겠지만 지나치다고는 생각지 않습니다.
제니퍼가 겁탈을 당하면서 느낀 감정을
관객들도 느끼게 하는 게 중요했죠.

스티븐 먼로(1964~)

영화 제목이 사뭇 섬뜩하다. 영어
원제는 'I spit on your Grave'. 우리말로 번역하면 '네 무덤에 침
을 뱉어라'다. 무슨 억하심정이 있기에 제목을 이렇게 지었을까.
이 영화의 제목은 한국에서 출판물로 유명세를 치른 바 있다.

보수 논객 조갑제가 2000년대 초반, 군부 출신 대통령을
향한 용비어천가 시리즈를 연작으로 출간한 것이다. 박정희 전
대통령이 집권했던 시대를 그리워하는 전집의 제목이《내 무덤에
침을 뱉어라》였다. 독재 대통령을 기리는 해프닝은 여기서 그치
지 않는다. 이후 조갑제의 저격수로 활약하던 진보 논객 진중권
이 맞불 작전을 펼친다. 제목은《네 무덤에 침을 뱉으마》. 이른바
'침 뱉기 전쟁'이었다. 그들은 왜 미국산 스릴러 영화 제목을 그대

로 가져다 쓴 것일까.

여기서 스티븐 먼로Steven Monroe 감독의 영화 '네 무덤에 침을 뱉어라'의 줄거리를 살펴보자. 20대로 보이는 여성 작가 제니퍼(사라 버틀러 분)는 미국의 한 시골 마을로 향한다. 그녀는 도시를 벗어나 여유롭게 전원의 분위기를 만끽하며 글을 쓰겠다는 계획을 가지고 있었다. 그녀는 혼자 오두막집을 찾아가던 중 주유소에 들러 청년들에게 길을 묻는다. 그러나 돌아온 것은 그녀를 희롱하는 젊은 남자 세 명의 기분 나쁜 말뿐이었다. 남자들은 제니퍼가 묵을 장소가 주유소에서 멀지 않은 한적한 오두막집이라는 것을 알게 된다. 순간, 여색에 굶주린 늑대들의 안구에 음욕으로 가득 찬 광채가 번쩍인다.

134

개와 늑대의
시간

오두막집에 도착한 제니퍼는 짐을 풀어 정리하기 시작한다. 먼저 와인과 양주를 부엌 선반에 가지런히 올려둔다. 그리고 비닐에 넣어 몰래 가져온 대마초를 천천히 피운다. 여독으로 인한 피로감에 젖어드는 제니퍼가 잠시 눈을 붙인 사이 날이 어둑해진다. 갑자기 인기척을 느껴 잠에서 깬 그녀는 누군가 오두막집 근처를 배회하고 있다는 불길함을 감지한다.

그녀의 예감은 틀리지 않았다. 주유소에서 만난 남성들이

그녀의 나신을 몰래 촬영한 뒤 오두막집에 침입한 것이다. 불청
객들에게 둘러싸인 제니퍼. 그녀는 이성을 잃은 늑대들의 협박과
강요에 못 이겨 강제로 양주를 마시고, 폭언에 시달리고, 이유 없
이 구타를 당한다. 굶주린 남성들이 지켜보는 가운데 강간을 당
하는 제니퍼. 가해자들이 잠시 방심한 사이에 그녀는 사력을 다
해 숲으로 도망친다.

정신없이 산속을 달리던 제니퍼는 우연히 경찰관과 마주친
다. 그에게 사건의 정황을 설명하고 경찰과 함께 다시 오두막집
으로 향한다. 경찰관은 오두막집에서 술병과 대마초를 발견하고
안색이 굳어진다. 그는 사무적인 어투로 제니퍼에게 강간 사건에
어느 정도 책임이 있다고 몰아붙인다. 한동네에 사는 경찰관도
욕정에 굶주린 공범이었던 것이다.

악몽은 거기서 끝나지 않는다. 경찰관은 강제로 항문 성교
를 시도한다. 이 영화는 1978년 동명 영화의 리메이크 작품으로,
영화의 흥행을 위해서 원작보다 한층 자극적인 상황을 설정한 기
색이 역력하다. 고통에 치를 떠는 여자와, 성적 쾌감에 젖은 경찰
관의 표정이 번갈아 클로즈업된다. 넋이 나간 상황에서 도망쳐
나체로 숲을 헤매는 제니퍼를 향해 경찰관은 총부리를 겨눈다.

호수에 빠진 제니퍼를 찾으려고 숲을 떠도는 네 명의 성범
죄자들. 다행스럽게도 제니퍼는 죽지 않았다. 그녀는 복수를 위해
강간범을 하나씩 처리한다. 양잿물에 머리를 빠뜨리기, 눈알에 생
선 내장을 뿌리고 까마귀 밥으로 처리하기, 나체로 나무에 묶어

135

놓고 가위로 거세하기, 항문을 향해 장총의 방아쇠 당기기. 그녀의 강간범 퇴치법은 실로 다양하다. 결국, 제니퍼를 폭행했던 남자들은 그녀의 손에 차례차례 죽임을 당한다.

강간범 퇴치법에 대해서 소상히 알려주는 '네 무덤에 침을 뱉어라'는 2, 3부로 이어지는 속편이 제작된다. 감독은 건장한 남성들을 상대로 복수 활극을 펼치는 비현실적인 여성 전사를 설정한 부분에 대해 설명해주지 않는다. 다만, 피해를 본 것 이상으로 앙갚음하는 여주인공의 잔혹한 복수에만 공을 들인다. 이렇게 한 편의 킬링 타임용 잔혹 영화가 관객의 눈과 귀를 쉴 새 없이 자극한 후에 막을 내린다.

대리 배설로
만족할 수 없다

영화라는 장르는 인간에게 판타지를 선사한다. 사람들은 현실에서 이루지 못한 자신의 꿈과 욕망을 영화를 통해 대리 만족 또는 대리 배설하는 데 집중한다. 제작자들은 영화에서 보여주는 비현실성이 강할수록 관객이 느끼는 만족도가 증가한다는 사실을 잘 알고 있다.

물론 현실에서 마주치는 일상을 적나라하게 풀어내는 홍상수 감독식 영화도 존재한다. 하지만 이를 영화의 상업적 흥행과 일치시키려면 넘어야 할 산이 너무나 많다. 일반적으로 관객은 자신의 비루한 현실을 스크린에서 보고 싶어 하지 않기 때문이다.

영화 '네 무덤에 침을 뱉어라'에서 보여주는 비현실성은 성인 여성을 대상으로 한 성폭력의 해악을 경고하는 것 이상도 이하도 아니다. 영화의 중요한 장면으로 등장하는 성폭력 장면을 살펴보자. 남성 관객은 여주인공의 성폭력 장면에서 두 가지 감정에 시달린다. 도덕적 자극과 성적 쾌감이다. 감독은 남성 관객이 가진 양면의 특성을 노리고 있다. 성폭력 장면이 너무 적나라하지 않으냐고 항의하는 이에게는 후반부의 복수 장면을 잊었느냐고 꾸짖는다. 반대로 복수 장면의 잔인성을 지적하는 이에게는 전반부에서 펼쳐진 비극적 상황을 집요하게 상기시킨다.

성폭력의 피해자는 대부분 남성보다 근력이 약한 여성, 그 중에서도 외모와 신체적 매력이 돋보이는 젊은 여성이다. 여자아이들은 성장하면서 다양한 형태의 차별과 성폭력의 위험에 시달린다. 그리고 성폭력은 그들에게 가장 고통스러운 삶의 상처를 남긴다.

실제 성폭력 피해자는 제니퍼처럼 가해자의 성기를 절단하거나 양잿물에 머리를 처넣고, 항문에 총알을 박아주지 못한다. 피해자는 평생 동안 상처를 짊어지고 가야만 한다. 가해자는 좁쌀만 한 양심의 가책 외에는 하룻밤 장난질로 기억할 뿐이다. 결론은 하나다. 가해자에 대한 강력한 사법 조치만이 성폭력의 위험에서 조금이라도 벗어나는 방법이 아닐까.

인간의 생명을 위협하는 새로운 전염병이 등장할 때마다 전 세계가 불안에 떤다. 그런데 인간에게 필요한 것은 전염병 퇴

137

치만이 아니다. 수천 년간 이어져오는, 인간이 가진 폭력성으로부터 자유로워지는 것이다. 그 누구도 자신의 무덤에 침을 뱉지 않는 세상, 누구도 성차별이라는 이름의 무덤에 침을 뱉지 않는 세상, 모두의 무덤에 맑고 깨끗한 비석이 놓이는 순간을 꿈꾸는 것은 나만의 백일몽일까.

성폭력 없는
자유로운 세상을 위해

오늘도 사회 곳곳에서 여성에 대한 크고 작은 성폭력이 일어나고 있다. 이는 사무실, 학교, 군대, 가정, 길거리 등 장소를 가리지 않고 광범위하게 일어나는 전염병과도 같다. 그나마 이를 법제화하여 가해자에게 일차적인 죄형법정주의를 적용할 수 있다는 것이 위로가 된다. 하지만 이것만으로는 부족하다. 남녀노소를 불문하고 누구나 성폭력의 피해자가 될 수 있다는 사회적 인식이 필요하고, 이를 위하여 지속적 교육이 이루어져야 한다. 또한 시민의 눈으로 법적 테두리 안에서 해결할 수 없는 부분을 감시하고 차단해야 하는 지난한 과제가 남아 있다.

백혜련 의원이 공개한 대검찰청의 '2015년 범죄 분석'에 따르면, 우리나라 성폭력 발생 건수는 2005년 1만 1,757건에서 2014년 2만 9,863건으로 10년간 2.5배 증가했다. 또한 2014년 성폭력 발생 건수는 인구 10만 명당 42건으로, 일본의 6.8건에 비해 6배 많이 발생했다. 미성년자 성폭력도 2005년 2,904건에서 2014년 9,530건으로 3.3배 증가했다. 한국은 일본보다 무려 6배에 달하는 성폭력 발생 건수를 기록하고 있다.

또한, 2014년에 발생한 전체 성폭력 사건 중 미성년자 성폭력 사건은 무려 31.9퍼센트에 이른다. 게다가 2015년 일선 성폭력 상담 기관의 미성년자 성폭력 상담 건수도 전체 성폭력 상담의 22.4퍼센트에 이르는 것으로 나타났다. 미성년자 성폭력 범죄의 26.7퍼센트가 낮에 발생했고, 범죄 발생 장소의 56.1퍼센트가 주거지 또는 노상이었다. 말 그대로 일상생활 곳곳에 성폭력의 위험이 도사리고 있다.

모든 형태의 자유에는 책임과 의무가 따른다. 4차 산업혁명 시대를 부르짖기 이전에 성폭력 문제부터 해결하려는 노력이 아쉬운 시점이다. 성폭력의 심각성에 대해 국가적·사회적 차원에서 지원이 절실하다. 사고를 방지할 수 있는 범국민적인 노력도 필요하다. 지금도 우리 주변에는 성폭력의 가능성이 농후한 악성 보균자가 부유하고 있다. 사회적 약자에 대한 차별이 계속되는 한 성폭력은 근절되지 않을 것이다.

139

유혹하는 미녀,
공부하는 미인

미스코리아 대회 중계 반대가 아니라

공평성을 내세워 미남 대회 중계를 요구했다면 어땠을까.

그럼 눈을 흘기지 않았을까? 혹은 더 크게 흘겼을까?

김신명숙(1961~)

달걀형 얼굴에 가늘고 긴 목, 수
평보다 10도 정도 낮은 어깨, 가는 허리, 지나치게 크지 않은 엉
덩이, 지나치게 두껍지 않은 허벅다리, 곧고 기다란 종아리, 튀어
나오지 않은 무릎, 크지 않은 발, 키는 170센티미터 이상, 하얀 피
부. 이것이 10년 전 대한민국 미인 대회의 채점 기준표다. 신체적
조건을 만족하는 여인만이 미스코리아라는 영예를 얻을 수 있다.

　　시간이 흐르면서 미인의 조건이 변했다. 이제는 가늘고 뾰
족한 턱선을 가져야만 미인 얼굴형에 속한다. 키는 175센티미터
이상으로 상향 평준화했다. 결정적으로 지성을 겸비하지 않은 미
인은 수상의 기쁨을 누릴 수 없다. 바야흐로 공부하는 미인이 득
세하는 '지식형 미녀'의 시대다.

여기 공부하는 미스코리아를 소개한다. 금나나는 얼굴도 예쁘면서 공부도 잘하는 소위 '엄친딸'이다. 그녀는 2002년 미스 코리아 진眞을 수상한 대한민국 대표 미인인 동시에 미국 하버드 대학교 박사 출신이라는 빛나는 경력의 소유자다. 한 방송 프로 그램에 출연한 그녀는 대회에 출전하게 된 계기를 말했다. "대학 입학을 앞두고 남자친구가 사귀고 싶어 다이어트를 시작했는데, 그 덕분에 미스코리아까지 진출하게 되었어요"라고 말이다.

이탈리아 출신의 세계적 작가이자 기호학자인 움베르토 에 코Umberto Eco는 아름다움의 기준이 시대별로 모습을 달리했다고 말한다. 그는 《미의 역사》라는 책에서, 아름다움이란 현대사회에 서 예술적인 것이 아니라 상업 영화, TV 광고에서 유래한 이미지 들처럼 오로지 오락, 판매 증진, 성적 자극만을 의미하게 되었다 고 말한다. 결국, 아름다움이란 문명의 발전에 따라서 형체를 달 리하는 가치 체계다.

우리나라의 역사를 살피면, 고구려 때 미인의 조건은 호전 적인 국세를 이어받아 남성적이고 어른스러워 보이는 여성이었 다. 고려 시대 초기 불화를 보면 커다란 턱을 가진 여인들이 등 장한다. 조선 초기에는 큰 얼굴에 눈썹에서 윗입술까지의 길이 인 중안이 긴 여성이 미인이라 불렸다. 조선 말기에는 턱이 작으 면서 관능적이고 퇴폐적인 분위기를 풍기는 미인이 주목 받았다. 이들의 모습은 작자 미상의 〈미인도〉나 고전소설《춘향전》, 신윤 복의 그림 등에서 확인할 수 있다.

미스코리아 대회의
빛과 그림자

'대한 여성의 진선미를 세계에 자랑할 미스코리아 선발'. 이 카피는 1957년에 처음 시작된 미스코리아 선발 대회의 포스터 문구다. 그해 7월 미국에서 열리는 미스 유니버스 대회에 나갈 한국 미인들의 참가를 장려하는 내용이다. 응모 자격은 만 18세부터 28세 사이, 흥행 단체 또는 접객업소에 종사한 적 없는 미혼 여성이다.

제1회 대회 우승자는 당시 23세였던 박현옥이다. 명동 시립극장에서 57명의 후보 가운데 영예의 미스코리아가 된 그녀는 30만 환의 상금과 양단 치마저고리 한 감, 은수저 한 벌, 청량음료 한 상자, 옥당목 한 필 등을 부상으로 받았다. 당시 미스코리아는 한국의 외교 사절단 역할을 했다. 최종심을 통과한 미스코리아는 6.25전쟁으로 인한 분단 국가라는 부정적인 선입견을 타파하는 데 크게 기여한다. 아름다움을 통해 대한민국을 알리는 최초의 한류가 바로 미스코리아였다.

이후 1972년 제16회 대회부터는 지상파 방송에서 미스코리아 중계를 볼 수 있게 된다. 1989년에 열린 제33회 대회는 시청률이 무려 54퍼센트까지 치솟는 전무후무한 기록을 세운다. 바야흐로 미인 대회가 전 국민의 축제로 자리 잡은 것이다. 당시 대회에서 배우 오현경이 진으로, 고현정이 선으로 당선된다. 국민의 절반 이상이 미스코리아 선발 방송을 시청하는, 미디어 매체를

143

통한 외모 지상주의가 본격적으로 활개를 치는 시대가 도래한 것이다. 어른이나 아이 할 것 없이 수영복 차림을 한 미인들의 매끈한 엉덩이를 보면서 성적 일탈을 즐겼다.

미스코리아 대회를
폭파하라

21세기 들어 미스코리아 대회를 바라보는 사회적 시각은 복합적이었다. 여성을 상품으로 취급한다고 주장하는 여성 단체의 목소리가 나오기 시작한다. 여성의 진정한 가치는 외모로부터 나오는 것이 아니며, 남성들의 눈요깃거리로 존재할 이유가 없다고 말이다. 겉으로는 지덕체를 갖춘 여성을 뽑는다지만 미스코리아 선발 기준 자체가 외모에 치중한다는 주장이다. 페미니스트인 김신명숙은《미스코리아 대회를 폭파하라》에서 외모 지상주의로 치닫는 미인 대회의 문제점을 조목조목 들춰낸다.

1999년 5월에는 여성의 외모만을 아름다움의 기준으로 삼는 미인 대회에 맞서 여성이면 누구나 참가할 수 있는 '안티 미스코리아 대회'가 열린다. 대회 주관처는 페미니스트 저널인 도서출판 이프였다. 본 행사는 참가자들의 특기를 자유롭게 보여주고 관객과 출전자가 함께 투표하여 주인공 네 명을 선정하는 형태로 진행되었다.

제2회 안티 미스코리아 대회는 기존 미인 대회가 여성들에게 늘씬한 몸매만을 강요하는 것에 문제를 제기하는 취지에 맞추어 진행되었다. 키 155센티미터 이하이거나 77사이즈 이상의 옷을 입는 여성을 환영한다는 조건을 제시한다. 그렇게 안티 미스코리아 대회는 2002년 미스코리아 대회의 지상파 방송을 중단시키는 쾌거를 올린다. 여성 지위의 향상이라는 시대적 변화와 함께 미의 척도가 변하는 과정을 보여준 계기였다.

여성의 외적인 아름다움이란 자본주의 사회에서 상업적으로 활용이 가능한 일종의 면죄부로 작용한다. 따라서 여성의 외모란 계급과 다름없는 권력과 물질적 혜택을 부여받는 무기가 될 수도 있다. 안티 미스코리아 대회가 지적하려는 것이 바로 이것이다. 인간의 가치는 외모와 체형에 결코 좌우될 수 없다. 이 대목에서 남성도 자유롭지 못하다. 이제는 남성의 외모마저 인생의 승부를 좌우하는 창과 방패로 이용되는 탓이다.

미스코리아 대회는 외모 및 학벌 지상주의를 부추긴다는 사회적 지탄 속에서도 스타의 등용문으로 자리 잡았다. 1977년 미스코리아 진 김성희가 가수로 활동하면서부터 수많은 미스코리아 출신 연예인이 등장한다. 고현정, 오현경, 이승연, 김남주, 염정아, 궁선영, 김사랑, 이하늬 등이 대표적이며 지금도 대부분 왕성하게 활동 중이다. 방송계에 진출한 미스코리아도 적지 않다. 장은영, 한성주, 서현진, 김주희, 이진 등이 미스코리아 출신 아나운서들이다.

금나나 외에도 공부하는 미스코리아는 많다. 거슬러 올라

145

가면 제3회 대회에서 민주당 정부 각료였던 오위영 국회의원의 딸이 당선되며 미인 대회를 바라보는 상류층의 비판적 시각에 변화의 바람이 불기 시작했다. 당시 오현주는 이화여자대학교 불어불문학과 2학년에 재학 중이었다.

1963년 미스코리아 진 김명자는 미국 오하이오 주 윌리엄팬대학교에서 의상학으로 명예박사 학위를 취득하여 경원대학교 교수를 지냈다. 그녀는 한국 최초의 미스코리아 출신 대학교수인 동시에 미스코리아의 품격을 높여준 인물로 잘 알려져 있다. 1993년 미스코리아 진 궁선영은 고려대학교 사회학 박사학위를 취득한다. 그녀는 연예계 생활을 접고 대학 강사로 활동하다 벤처 기업의 최고 콘텐츠 책임자로 변신하기도 했다.

146

21세기형 미스 앤
미스터코리아를 찾아서

미스코리아의 남자 버전인 미스터코리아를 살펴보자. 보디빌더의 근육을 평가하는 미스터코리아 대회는 미스코리아 대회와는 궤적을 달리한다. 물만 마셔도 근육의 모양새가 달라진다는 이유로 대회를 앞두고 수분 섭취마저 제한하는 이 대회는 참가자들의 지적 능력을 평가 대상으로 삼지 않는다. 남성은 근육으로, 여성은 외모와 교양으로 우승자를 가리는 두 대회는 공통분모를 찾기가 쉽지 않다.

2016년은 미스코리아 선발대회가 60회 생일을 맞이하는 해였다. 이제는 미용실 원장의 권유로 참가했다거나 연예계에 진출하는 발판으로 삼는 여성 참가자 비율이 점차 줄어들고 있다. 미스코리아 경력이 불우이웃을 돕는 활동에 도움이 된다거나 다양한 생각과 경험을 가진 친구들과 어울리고 싶다는 등 가벼운 목적을 가진 미녀들이 점차 늘어나는 추세다. 젊은 시절 추억을 쌓기 위해 대회에 참가하는 이들도 적지 않다.

앞으로는 근육량이 아닌 남성의 지적 능력을 중요시하는 새로운 형태의 미스터코리아 대회가 필요하지 않을까. 공부하는 미스코리아가 존재하듯이, 공부하는 미스터코리아가 자연스럽게 명함을 내미는 시대를 상상해본다. 앨빈 토플러Alvin Toffler의 말처럼 미래는 지식 권력이 세상을 지배할 것이다. 중요한 것은 나열식 '지식'이 아니라 인간 가치 중심의 '지혜'다. 외적 아름다움에 앞서 지적 자산이 풍부한 21세기형 미스 앤 미스터코리아가 절실하다.

147

세계적 거장의
사생활

번스타인이 1983년 6월의 발언에서 씁쓸한 어조로 언급했듯,
종교적 우파 쪽에서는 에이즈가 동성애자의 패륜을 경계하려는
신의 뜻이라는 주장이 나오는 판국이었다.

베리 셀즈(1938~)

금난새는 철저히 대중 지향적인
지휘자다. 그는 클래식 공연을 관람하는 초심자들을 위해 중간중
간 흥미로운 해설을 아끼지 않는다. 심지어 지휘 도중 팬터마임
배우 같은 동작으로 관객의 시선을 사로잡는다. 지휘자로서 부드
러운 카리스마가 무엇인지 잘 보여주는 인물이다.

그에 비해 엄숙주의를 추종하는 지휘자도 있다. 대표적인
인물로 아르투로 토스카니니Arturo Toscanini와 헤르베르트 폰 카라
얀Herbert von Karajan이 떠오른다. 이탈리아 출신의 지휘자인 토스카
니니는 불같은 성정을 지닌 위인이다. 시칠리아 팔레르모에서 공
연을 마친 그가 앙코르를 무시하자 흥분한 관객들이 단체로 습
격을 꾀한다. 다행히 토스카니니의 음악 세계를 흠모하던 마피아

두목의 도움으로 사태가 진정된다. 그의 강단은 뉴욕 필에서 활동할 때도 여실히 드러난다. 뉴욕 필 단원들은 퇴근 후에도 악보와 사투해야만 했는데, 토스카니니의 음악적 열정이 그들에게 지옥 훈련을 요구한 것이다.

　　카라얀도 만만치 않았다. 베를린 필에서 종신 예술 감독을 맡았던 그는 LP 판매 붐과 함께 부와 명성을 거머쥔다. 당시 메이저 음반사였던 도이체 그라모폰 사의 절반에 가까운 음반 제작에 관여하기에 이른다. 카라얀은 사업가 기질이 뛰어났고, 자신을 성공적으로 이미지 메이킹할 줄 아는 영민한 지휘자였다. 그가 지휘하는 무대 영상을 보면 오케스트라의 모습을 최소화하면서까지 지휘자의 얼굴과 몸동작에 카메라 초점이 맞춰져 있다. 베를린 필은 카라얀이 은퇴한 후 새로 임명한 지휘자의 민주적 지휘 스타일에 한동안 적응하지 못했다고 한다.

FBI의
감시 대상이 된 지휘자

　　　　　　　　이제 뉴욕 필의 심장이라 불리던 레너드 번스타인Leonard Bernstein을 소개할 차례다. 그는 20세기 미국 클래식 음악계를 가장 강렬하게 관통했던 인물이다. 당시 클래식은 엄숙주의, 근본주의 종교, 선민의식을 가진 자들만 누리던 장르였다. 번스타인은 실력 있는 지휘자이자 클래식 음악계의 음란한 자유주의자였기에 수십 년간 유명세를 치른다. 유럽에서 위세를 떨치던 카라얀의 대항마, 번스타인. 그의 삶은 화려한 음악적 발자취만큼 탄탄대로를 걷지는 못한다.

그렇다면 번스타인은 왜 카라얀과 달리 굴곡 많은 인생을 살아야 했을까? 그의 진보적인 정치 성향이 결정적 이유였을까? 번스타인은 흑인 인종차별 반대 운동, 베트남 전쟁 반대 운동, 닉슨 반대 모금 운동, 유대민족에 대한 공개적 지지 및 진보 정치권에 대한 믿음을 일관성 있게 보여준다. 이 때문에 그의 일거수일투족은 미국 연방수사국FBI의 주요 감시 대상이 되기도 한다.

정치 집단이나 특정 인물을 극단적 공산주의자로 매도하는 현상을 매카시즘McCarthyism이라고 한다. 1950년대 미국은 그야말로 매카시즘이 판치는 우향우 일변도의 사회였다. 체제에 순응하려 들지 않는 진보 성향의 예술가들은 늘 매카시즘의 목표물이자 희생양이 되곤 했다. 나치당 당원으로 활동하던 카라얀의 기회주의적 태도와 근본적으로 다른 길을 걸었던 이가 번스타인이다.

번스타인의 정치적 가치관이 그의 삶에 끼친 영향은 뜻밖에 크지 않았다. 오히려 삶의 굴곡은 번스타인의 성 정체성으로부터 발생한다. 1980년대 미국은 동성애자에 대한 공세가 지금보다 훨씬 거셌다. 공세를 부추기는 이들은 대부분 복음주의 및 근본주의 교회 지도자였다. 게다가 인권 운동, 유가 인상, 극심한 인플레이션, 소련의 팽창, 이란 인질 사태 등으로 높아진 대내외 불안감을 종식하려는 보수 유권자들은 전직 배우이자 공화당 출신인 로널드 레이건Ronald Reagan을 대통령으로 추대한다.

151

일명 '하드 보디hard body'라 불리던 보수적인 남성성이 우선한 레이거노미즘Reaganomism 시대는 도널드 트럼프가 정권을 잡은 지금과 문화 정치적 유사성을 보인다. 1970년대를 뒤흔들었던 인종차별 철폐, 반전, 페미니즘, 사상의 자유, 문화 예술의 가치 회복 등의 이슈는 정치적 탄압의 대상이 되는 비운을 겪는다. 자유주의자 번스타인에게도 시련의 시절이 직면했음은 물론이다.

유대인, 진보주의자, 양성애자라는 세 가지 허울은 번스타인이 청교도의 나라에서 살아남기에 너무나도 커다란 벽이었다. **만약 번스타인이 세계적인 음악가가 아니었다면 그는 미국에서 어떤 삶을 살았을까? 양성애자를 포함한 성 소수자를 바라보는 미국 정치권의 시각은 철저하게 이중적이었으니 말이다.**

152

번스타인의 생은 크게 세 가지로 구분할 수 있다. 첫 번째는 클래식 애호가들이 인식하는 음악가로서의 삶이다. 그가 주도했던 구스타프 말러Gustav Mahler 붐이라든지, '웨스트사이드 스토리West Side Story'를 위시한 작곡가로서의 활동이 대표적인 예다. 또 클래식의 대중화를 위해 일생을 바친 인물로, 지휘뿐만 아니라 작곡, 교육에 이르기까지 클래식 음악의 다양화를 시도했다.

두 번째는 진보주의자로서의 삶이다. 이는 그의 인생을 주도적으로 이끌어가는 활력소로 작용한다. 세 번째가 성 정체성이다. 보수적인 미국의 가족 제도에서 양성애자가 겪는 위기의식과 혼란은 번스타인의 빛나는 음악적 행보만으로는 치유되기 힘든 상처였다.

실제 번스타인은 1976년 아내 펠리시아 몬테알레그레Felicia Montealegre와 헤어진 뒤 동성 애인과 동거한다. 하지만 헤어진 아내가 1년 후 중병이 들자 그녀가 숨을 거둘 때까지 곁을 지킨다. 아내가 사망한 이후 번스타인은 자신의 성적 취향을 숨기지 않는다. 반전운동, 반인종차별 운동의 시각에서 한 발짝 더 나아가 동성애자 문제 또한 소홀히 하지 않았다.

번스타인은 자신의 성 정체성으로 인한 정신적 고통을 음악에 대한 열정으로 치유한다. 지금까지도 동성애자는 종교적인 이유로, 이성애자와 다르다는 이유로, 소수자라는 이유로 미국 사회에서 배척의 대상이다. 2015년 6월 미국 연방대법원은 동성애자의 결혼을 합법화한다고 발표했다. 그러나 현실에서는 엘튼 존, 프레디 머큐리Freddie Mercury, 조지 마이클George Michael 등 부와 명예를 거머쥔 이들만이 제한적인 성적 자유를 누리는 형편이다.

153

**전 세계의
전설이 되다**

번스타인에게 진보에서 보수로의 정치적 변신에 대한 유혹이 적지 않았다. 그는 뉴욕 필의 상징이었으니 말이다. 그는 공산주의 진영으로부터 문화 빈국이라고 손가락질 받던 냉전 시대에 미국의 수치심을 덮어줄 만한 음악가였다. 하지만 그는 양심의 소리에 귀를 기울인다. 마틴 루서 킹의 후

원자로 흑인들의 평화 행진을 후원하며, 그들의 발걸음이 멈추는 곳에서 환호와 박수를 보냈던 인물이 번스타인이었다는 사실을 아는 이는 그리 많지 않다.

유대인, 진보주의자, 양성애자라는 세 단어가 미국에서 의미하는 것은 멸시와 차별, 탄압이다. 번스타인은 뉴욕 상류계급으로 올라설 수 있는 수많은 유혹으로부터 자신을 지킨 음란한 음악가다. 그가 지휘한 곡들을 들어보면 감정의 굴곡을 숨기지 않으려는 주정주의적 열정이 느껴진다. 그는 감당하기 어려울 정도로 청자의 이성을 뿌리째 뒤흔드는 지휘 방식을 마지막 순간까지 포기하지 않았다. 마음속에 묻어두었던 자유주의자로서의 아픔을 음악으로 승화한 것이다.

번스타인은 한국에서 구스타프 말러 음악을 사랑하는 이들의 우상이었다. 지휘자 피에르 불레즈Pierre Boulez가 이성적이고 분석적인 말러 교향곡을 완성했다면, 번스타인은 격정적인 감정을 불러일으키며 모험적이고 역동적인 말러를 구현했다. 번스타인이 없었다면 불레즈가 표현하고자 했던 주지주의적 말러도 불가능했을 것이다. 그렇게 번스타인은 자신과 같은 유대인 출신의 말러를 통해서 그의 혼란스러운 생을 가감 없이 표현하고자 했다.

열정적인 삶을 통해 번스타인이 꿈꾸던 희망은 무엇이었을까? 아마도 '커밍아웃coming out'이라는 차별적 언어가 사라지는 순간이 아니었을까? 그를 통해서 바라본 음란한 삶이란 적어도 불편한 진실과 소통하는 것을 두려워하거나 경원하지 않는 실천적

용기가 아닐까 싶다. 지금도 어둡고 후미진 곳에서 불편부당하게
고통받는 성 소수자들이 그를 보면서 용기를 얻기 바란다.

155

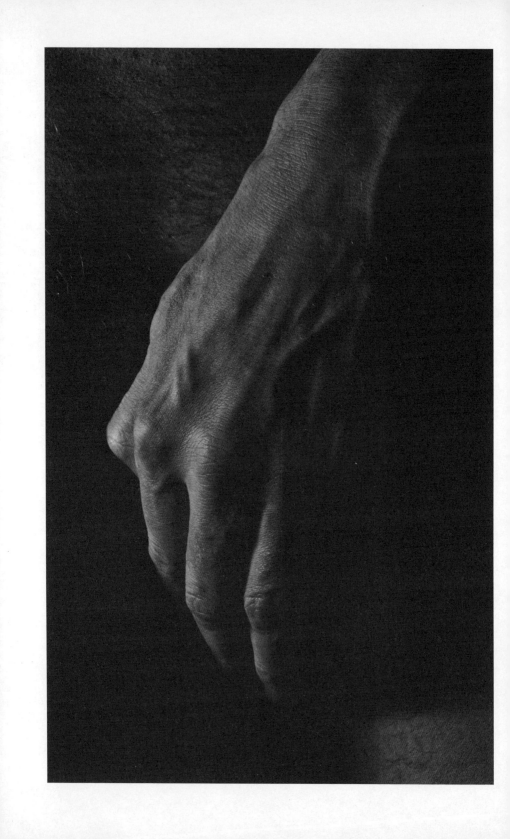

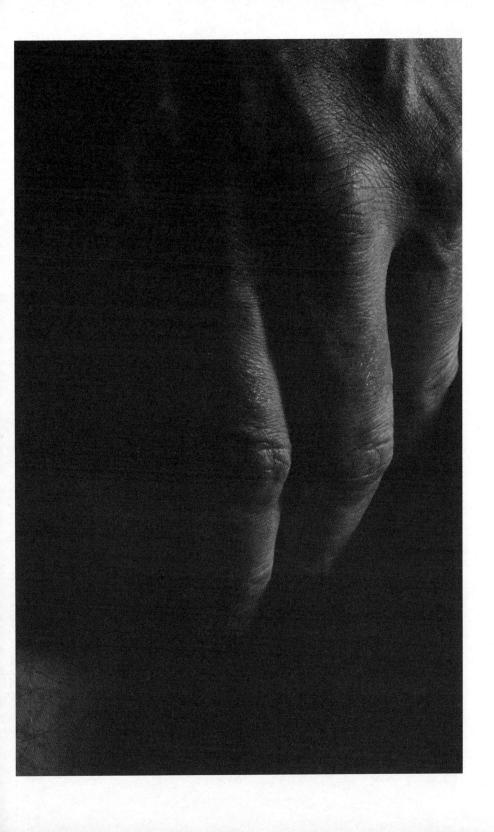

두 남자의
결혼식

내가 떠나면 당신들이 해야 할 일은 무엇일까.

아마도 걷잡을 수 없는 방황의 연속일 거야.

보드카나 코냑 같은 술이 필요하겠지.

그리고 나와 같이 새로운 사랑을 찾는 걸 거야.

엘튼 존(1947~)

2014년 12월 21일, 영국에서 두 가지 큼직한 사건이 터진다. 첫째는 동성애자 결혼을 합법화하는 시민 동반자법Civil Partnership Act이 통과된 것이다. 둘째는 팝 스타 엘튼 존이 15세 연하의 동거남 데이비드 퍼니시David Furnish와 결혼식을 올린 것이다. 이 남남 커플은 4년 전 크리스마스에도 사건을 터뜨린 바 있다. 엘튼 존이 대리모를 통해 아들을 얻은 것이다.

엘튼 존이 누구인가? 그는 글리터 록Glitter Rock 또는 글램 록Glam Rock이라는 장르를 통해 대중음악계에 이름을 알린 인물이다. 글램 록은 영국에서 1970년대 초반에 등장한 록 음악 사조다. 글램 록을 추구하는 음악가는 공연 무대에 번쩍이는 의상을 입고 화려한 화장을 하고 나타난다. 그들의 표현 방식은 동성애적이거나 양성애적이며, 때때로 젠더 역할을 새롭게 바라보는 문화적 다양성과 연결되기도 한다.

1980년대 세계 팝 음악은 글램 록이 지향하는 전위적이고 실험적인 음악보다는 대중 친화적인 음악성을 지향하는 엘튼 존 식의 이지 리스닝easy listening 음악이 주류로 떠오른다. 이로 인해 비평가들로부터 뚜렷한 음악적 성향이 배제된 가수라는 혹평을 듣기도 하지만 엘튼 존은 이에 연연하지 않는다. 그가 지향하는 감미로운 멜로디와 적절한 쇼맨십을 가미한 호소력 넘치는 공연 매너는 순식간에 그를 영국 팝 음악을 대표하는 존재로 부각시킨다.

이 남자의 결혼 생활

엘튼 존의 결혼 생활은 레너드 번스타인과 비슷한 행적을 남긴다. 그는 1987년 음향 엔지니어 출신인 아내 레나테 블라우엘Renate Blauel과 4년간의 결혼 생활을 마감한다. 그는 자신의 성 정체성을 숨기며 사는 데 한계에 직면한 상황이었다. 아내와 이혼한 직후 엘튼 존은 자신이 동성애자라고 밝힌다. 명성과 물질적 보상이 뒤따르던 음악적 절정기에 벌어진 극적이고 놀라운 고백이었다.

이후 엘튼 존은 동성애자를 위한 다양한 사회적 발언을 하고 대외적인 활동을 지속한다. 자신이 수집한 음반을 경매에 부쳐 수익의 상당 부분을 에이즈 환자를 위한 기금으로 쾌척하는 등 영국을 대표하는 동성애자로서 행보를 이어간다.

그는 2016년 2월, 33번째 앨범인 《원더풀 크레이지 나이트》를 발표한다. 70세 고령임에도 10대 시절부터 프로 음악가로 활동했던 재능과 열정, 그리고 추진력을 통해서 그 누구도 범접하기 힘든 음악적 산출물을 쏟아낸다. 또한 1994년 개봉한 디즈니 사의 애니메이션 '라이언 킹'의 주제곡을 불러 영화 음악가로도 명성을 날린다.

한국에서도 엘튼 존의 결혼식과 흡사한 예식이 이루어진다. 2013년 9월, 서울 청계천 광통교 앞에서 동성애자 결혼식이 열린 것이다. 행사의 주인공은 영화 제작자 김조광수 청년필름 대표와 김승환 레인보우팩토리 대표다. 이들은 서울시의 허가 하에 공개 결혼식을 단행한다. 서울 한복판에서 한국 최초로 동성애자 간의 공개 결혼식이 열린 것이다. 김조광수는 영화 제작자답게 그들의 결혼식을 소재로 '마이 페어 웨딩'이라는 다큐멘터리를 제작한다.

이들은 시아버지, 시어머니, 장인, 장모라는 호칭을 사용하지 않는다. 이러한 호칭은 이성 간의 결혼에서나 쓰이는 것이다. 김조광수와 김승환은 식을 마치자마자 동사무소에 혼인신고서를 내밀었지만, 결과는 거절이었다. 그들은 이에 굴하지 않고 혼인신고서 접수를 반대한 서대문구청을 상대로 법정 투쟁을 이어간다. 이들의 외로운 싸움은 보수적인 한국 언론에서 관심 밖의 해프닝일 뿐이었다.

그렇다면 다른 국가들은 동성애자의 결혼을 어떻게 받아들이고 있을까? 스웨덴, 노르웨이, 프랑스 등 유럽 국가에 이어 2015년에는 미국이 동성 결혼을 합법화했다. 버락 오마바Barack Obama 전 대통령은 2013년 1월 재취임식 연설에서 동성애자 인권의 중요성을 언급했다.

한편 국제연합UN의 반기문 전 사무총장은 2015년 6월 미국 샌프란시스코에서 열린 국제연합 헌장 채택 70주년 기념식 연설에서 동성애자의 인권에 대해 의견을 밝혔다.

> 미국의 게이와 레즈비언들이 자신이 사는 곳이 어디든지 합법적으로 결혼할 수 있도록 한 연방대법원의 합헌 결정을 적극적으로 환영한다. (중략) 우리는 매일 인종과 종교, 국적, 성별 혹은 성적 취향과 관계없이 모든 사람의 인권을 수호하고 있다.

반기문 전 사무총장은 이날 기념 연설에 앞서 LGBT(레즈비언, 게이, 바이섹슈얼, 트랜스젠더의 앞글자를 딴 용어)의 자유와 평등을 위해 노력한 공로로 하비 밀크 재단 메달을 받았다. 그런데 한 가지 호기심이 생긴다. 만약 반기문 총장이 국내에서 앞선 연설문을 발표하면 어떤 일이 벌어질까? 연설 자체가 가능하기는 한 것일까? 성 소수자를 위한 서방 국가의 움직임에 비해 한국의 상황은 너무나도 구태의연하다.

인문학적 인간은
어디에

인문학 강의를 하다가 수강생들에게 이런 질문을 던진 적이 있다. '한국에서 여성의 인권은 어디쯤 위치해 있는가'라는 내용이었다. 여성 수강생들은 예상외의 답변을 쏟아냈다. 여성 인권이 이제는 정상 궤도에 올랐다고 말하는 이들도 있고, 남성과 어느 정도 동등한 위치로 향하고 있다는 답변도 있었다. 이는 두 가지 문제점을 안고 있다. 여성이 인권을 인정받으려면 아직 멀었다는 것과 여성 인권을 그동안 기득권 세력이었던 남성과 비교해서는 안 된다는 것이다.

여성의 인권은 그것대로 목표와 가치가 존재한다. 성 차이는 인정하되, 성차별은 사라져야 할 악습이다. 그런데 만약 여성의 인권 대신 동성애자 인권의 위치를 묻는다면 어떨까? 답하기 곤란해진다. 여성의 인권과는 비교가 안 될 정도로 열악한 것이 동성애자의 인권이기 때문이다.

대다수 부모는 자식이 동성애자로 살아가는 것을 극렬하게 반대한다. 자식이 앞으로 헤쳐 나가야 할 가시밭길도 걱정이지만, 부모의 사회적 체면도 걸림돌이다. 그들은 나르시시즘에 빠진 비겁한 부모임이 분명하다. 동성애자는 커밍아웃하는 순간, 자신이 누렸던 삶의 대부분을 포기할 각오를 해야 한다. 사람들은 누구의 인생도 책임지지 않을 거면서 동성애자를 향해 돌을 던진다. 성 소수자에 대한 배려라고는 전혀 없는 무책임하고 타락한 사회

163

임을 보여주는 사례다.

수강생들에게 또 이런 질문을 던져보았다. "당신의 딸이 만약 흑인과 연애한다면 어떻게 하겠는가?" 이 질문에 절반가량이 반대 의사를 표명했다. 다시 "그 흑인이 이혼남이라면 어떻게 하겠는가?"라고 물으면 한두 명만이 찬성 의사를 표명한다. 마지막으로 "그 흑인이 영화배우 윌 스미스Will Smith라면 어떻게 하겠는가?"라고 물으면 그제야 실소가 터진다. 우리 마음속 뿌리 깊은 선입견과 차별의 높이를 말해주는 사례다.

이러한 차별의 악순환은 동성애자를 바라보는 시각에서도 나타난다. 스크린에 등장하는 동성애자는 인정하지만, 가족이나 동료가 동성애자라면 이를 쉽게 받아들일 사람은 많지 않다. 결국, 두 가지 잣대를 마음속에 숨겨놓고 상황 논리에 따라서 찬반 태도를 바꾸는 이중적인 사고방식을 무한 반복하는 것이다.

엘튼 존의 명곡들은 즐기면서 그가 동성애자라는 사실에 대해서는 함구하거나 비난하고 싶은 태도 또한 다르지 않다. 물론 음악과 음악가에 대한 기호가 같은 맥락에서 존재해야 할 이유는 없다. 하지만 인간 엘튼 존의 삶이 음악으로 드러난다는 사실을 인정한다면, 성적 취향의 자유도 인정하는 아량이 필요하지 않을까.

'다른 것'을 '나쁜 것'이라고 치부하는 사회 문화적 폭력은 대한민국 곳곳에서 벌어지고 있다. 음란한 인문학이란 자신만의 시선으로 세상을 바라보고 행동하는 과정이자 수단이다. 자신의 삶과 다르더라도 멀리 떨어진 곳을 응시할 수 있는 자. 다수의 논리에 감추어진 차별과 불평등의 흔적을 찾아내는 자. 현실에 안주하지 않으려는 용기와 담력을 가진 자. 우리는 그들을 '인문학적 인간'이라고 부른다.

PART 4.

편견
당신들의 위험한 시선

편견이란 인간의 정신 수명을 단축하는 마약이다. 결혼 제도는 성적
편견이 잉태한 돌연변이에 속한다. 일부일처제를 절대적인 혼인 제도
로 인식하는 태도는 폭력이나 다름없다. 편견이라는 가면을 쓴 감시
사회에 맞서 망가진 성욕의 늪에서 탈출하자.

사라진 마왕의
속삭임

'100분 토론'에서 저는 신해철 씨를 다섯 번 만났습니다.

그때마다 논란의 한가운데 섰고, 그래서 화제가 되기도 했습니다.

제가 기억하는 한, 가수였지만

어떤 주제를 놓고도 자신의 주관이 뚜렷해서

논쟁할 수 있는 논객이기도 했습니다.

손석희(1956~)

코 佐野洋子 가 말했다. "나는 깨달았다. 사람을 사귀는 것보다 자기 자신과 사이좋게 지내는 것이 더 어렵다는 사실을…." 사노 요코 가 이 말을 남길 때가 71세, 새로운 삶을 개척하기보다는 관조해 야 하는 나이다. 그녀의 발언은 타인과 잘 지내는 것보다 자신과 연대하는 것이 더 어렵다는 삶의 경구가 되어준다. 여기, 타인의 눈치를 보지 않고 내면의 소리에 먼저 귀를 기울인 음란한 남자 를 소개한다.

이름은 신해철, 별명은 마왕이다. 1968년에 태어나 어린 나 이에 대학생으로 위장하고 음악다방 DJ로 활동한다. 20세에 그룹 무한궤도의 리더가 되어 '그대에게'로 대학가요제 대상을 수상한다. 이듬해 KBS 가요대상 올해의 가수상을 수상하고, 그룹 넥스트를 창단한다. 25세에 대마초 흡연으로 구속되고, 2년 뒤 서강대학교 철학과를 자퇴한다. 27세에 그룹을 해산한 뒤 영국 유학길에 오른다. 그러다 2014년 10월, 만 46세 젊은 나이에 장협착으로 사망한다.

이 정도 약력으로 우리는 신해철을 안다고 말할 수 있을까? 프랑스의 철학자 장 보드리야르Jean Baudrillard는 '시뮬라크르'라는 개념을 설명한다. 이는 실제 존재하지 않는 대상을 존재하는 것처럼 만들어놓은 인공물을 의미한다. 즉, 실재의 반영이면서 실재를 감추고 변질시키는 이미지를 시뮬라크르라 칭한다. 사람들이 인식하는 신해철 역시 시뮬라크르 속에서 맴도는 일종의 허상이 아닐까.

시뮬라크르와 관련한 대표적인 매체가 바로 미디어다. 대중은 미디어를 통해서 현실과 비현실의 세계를 넘나든다. 그들은 미디어에 등장하는 인물의 이미지를 통해서 비현실적인 이미지를 자체 양산한다. 미디어의 구성원인 대중가수 또한 일종의 '시뮬라크르적 인간'이라 정의할 수 있다. 여기서부터 가수 신해철에 대한 인문학적 고민이 시작된다.

가수 신해철이 아니라 사유하는 인간 신해철을 말해주는 책이 있다. 《신해철의 쾌변독설》은 전투적 자유주의자로 알려진 신해철스러운 제목이다. 책은 인터뷰 형식으로 되어 있으며, 인터뷰는 국내 최고의 인터뷰어로 알려진 지승호가 맡았다.

1968년생
'민물장어의 꿈'

책을 읽다 보면 신해철이 자신의 주장을 펼치기 위해 매력 넘치는 예시와 수사를 던지는 장면과 마주친다. 시사교양 프로그램 '100분 토론'에서 보여준 대마초 논쟁이 대표적인 예다. 신해철은 자신이 방송에 나가서 대마초 논쟁을 펼친다는 것은 결과가 뻔한 싸움이었다고 토로한다. 사람들은 보통 질 수밖에 없는 싸움을 하려 들지 않는다. 그럼에도 신해철은 굳건히 닫힌 편견과 금기의 세상 속으로 뛰어든 것이다.

그는 전쟁의 역사를 통해 습득한 무정부주의적 가치관을 가졌다. 그 맥락에서 오다 노부나가織田信長와 다케다 신겐武田信玄이 이끄는 군대의 마지막 전투를 언급했다. 전법의 변화를 감지하지 못한 다케다 신겐의 기병대는 오다 노부나가가 이끄는 군대와의 전투에서 궤멸한다. 다케다 신겐의 일진이 전멸한 것을 보면서 이진에 남은 다케다의 늙은 장수들이 이렇게 외친다. "지옥에서 만나세"라고 말이다. 신해철이 방송에 어떤 각오로 참여했는지 알 수 있는 대목이다.

그는 매니저의 극렬한 반대에도 자신과 동료 가수들을 위해서 방송 출연을 결심했다고 한다. 가수가 토론 방송에 나온다는 것에 코웃음을 치던 단절의 시대였다. 방송을 마친 후 신해철은 대마초의 합법화에 발언의 무게를 두지 않았다고 말한다. 그가 강조하고 싶었던 것은 대마초의 비범죄화였다. 즉, 대마초를

171

피우면 성적으로 문란해지며 폭력적으로 변한다는 정권의 과대 선전을 불식시키려는 의도였다. 이는 국가가 목적을 위해서라면 그들 마음대로 정보를 조작하거나 국민을 기만해서는 안 된다는 담론에 해당한다.

대마초 논쟁은 당시 우리 사회를 뜨겁게 달구는 이슈가 된다. 하지만 신해철의 주장은 의도와는 달리 대마초 합법화라는 엉뚱한 방향으로 흘러간다. 보수 언론이 신해철의 주장을 교묘하게 부정적인 방향으로 이끈 결과였다. 과거 연예계 대마초 파동의 주역이 신해철이었다는 사실을 언론이 가만둘 리 없었다. 방송 후 수십만 개의 찬반 댓글이 그를 기다리고 있었다.

물론 예상치 못한 긍정적인 결과도 있었다. 신해철의 토론 방송 출연으로 대중가수가 사회적 발언을 해서는 안 된다는 고리타분한 관행이 바뀐 것이다. 이후 그는 '간통죄 폐지', '체벌 금지'라는 주제로 '100분 토론'의 초대를 받는다. 그의 가치관이 대중적인 설득력을 가지기 시작했음을 암시하는 방송계의 일대 사건이었다.

신해철은 책을 통해서 대중에 대한 생각을 펼치기도 한다. 그는 대중을 '성역 안에 들어앉아 무소불위의 권력을 누리는 존재'라고 말한다. 특정 연예인에 열광하다가도 작은 스캔들만 터지면 냉정하게 돌아서버리는 대중의 양면성을 지적한 것이다. 대중의 관음적 시선은 연예인을 마치 동물원의 원숭이를 보듯 한다. 결국, 해답은 연예인이 스스로 철저한 자기검증과 철학으로 무장

해야 한다는 것이다. 자기검증과 철학, 신해철이 오래도록 단련한 뇌의 근육이 느껴지는 대목이다.

독일 철학자 테오도어 아도르노Theodor Adorno와 막스 호르크하이머Max Horkheimer는 《계몽의 변증법》에서 20세기 대중문화의 실체를 까발린다. 그들은 자본주의 사회에서 주도권을 쥐려다 보니 문화 산업이 탈정치화하고 주변화된 요소로 전락했다고 비판한다. 즉, 문화 산업이란 삶을 지배하고 노동자의 계급의식을 박탈하는 부정적인 존재라는 의미와 상통한다. 따라서 신해철은 문화 산업을 한 방향으로만 향유하려는 대중의 한계와 맞붙어 싸우는 검투사와도 같았다.

수컷의 몰락을
노래하다

신해철은 앨범 《비트겐슈타인》에서 '수컷의 몰락'이라는 노래를 발표한다. 가사의 일부를 살펴보자.

먹을 것을 찾아 배를 채우고
암컷을 차지해 번식을 해야 하는
그 숙명 뒤에도 싸움은 끝없이 이어지며
그 뒤엔 노쇠와 몰락이 찾아온다.
수컷들이란 절반의 허세 그리고

절반의 콤플렉스로 이루어져 있다.

배를 잔뜩 부풀린 복어의 낯짝이

사실은 새파랗게 겁에 질려 있는 것처럼

웃기는 건 섹스할 때도 무능력해 보일까 봐

초조해하는 의외의 소심함이지만

웃기지도 않은 건 그러고 난 뒤에

허탈해하고 고독해하는 의외의 예민함이다.

노래에 등장하는 수컷이란 이성이 거세된 동물로서의 남성을 상징한다. 여성을 성적 도구로만 소유하려는 수컷의 그릇된 우월 의식을 비웃는 노랫말이다. 이 노래를 통해서 신해철은 역사적으로 여자들이 살 만한 세상을 건설한 나라들은 남자들도 살 만한 세상이었다고 노래한다. 나아가 신해철은 일부일처제를 부자연스러운 결혼 제도라고 표현한다.

그는 세계적으로 결혼 만족도가 낮은 대한민국 부부의 현실을 묵과하지 않는다. 결혼을 연애의 완성으로 보려는 설익은 결혼 지상주의자들의 편협한 시각이 치명적이라고 지적한다. 결혼 생활을 유지하기 위해서 끊임없이 에너지를 발산하지 않으면 그것은 죽은 결혼이나 다름없다고 강조한다.

지승호는 책에서 신해철을 두고 "진중권과 자웅을 겨룰 만한 언변을 가진 존재"라고 평가한다. 또 박찬욱 감독은 "신해철의 구라가 예술의 경지에 올랐다"라고 평한다. 신해철은 대중가수도 토론회에 나와서 사회적 발언을 할 수 있다는 가능성을 보인 선구적 인물이자 방송국 관계자와 가수 사이에 형성된 갑을 관계를 뒤집은 존경받는 선배였다.

그는 권력자에게는 예의바른 태도를 견지하면서 약자에게는 부당한 권위를 휘두르는 음악인을 향해 비판의 칼날을 한시도 거두지 않았다. 그뿐인가. 가수이자 정치적 인간이었던 신해철은 음악을 통해서 세상을 바꿔보고자 노력했다. **마지막으로 그는 이렇게 속삭인다. 고민을 부끄러워하지 않는 것. 고민이 있다는 것을 당연시하는 것. 그런 생각에서 모든 고민의 해결책이 보이기 시작한다고. 가장 나쁜 것은 고민이 없는 것처럼 자신에게 거짓말을 하는 것이라고.** 그는 항상 고민과 반성의 시간으로 점철되어 있던, 세상에서 사라지기에는 몹시 아까운 음란한 남자였다.

다음은 1997년 9월 30일 라디오 방송 〈음악 도시〉 마지막 회에 나왔던 신해철의 멘트다.

> 잘나가서, 돈이 많아서, 권력이 있어서가 아니라 자기 자신에게 부끄럽지 않은 사람이 된다는 것. 그렇게 된다면 대통령과 재벌을 우리랑 비교할 필요가 없을 것이고요. 여러분이 안개꽃 다발인 행복을 들고 있는 이상 누구도 여러분을 패배자라고 부르지 못할 것입니다. 여러분은 여러분 스스로에게 언제나 승리자이고, 챔피언일 것이거든요.

175

결혼은
정말 미친 짓일까

결혼이 여러 경제적 조건 등
이해관계에 따라 결정되면서 타락했다.
결혼 당사자들은 이런 제도 때문에
소외되고 고통을 겪는다.

유하(1963~)

영화 '결혼은 미친짓이다'는 소설 가 이만교의 원작을 바탕으로 만들어진 작품이다. 이만교는 21세 기 결혼 문화를 비판하는 소설로 2000년에 제24회 오늘의 작가 상을 수상한다. 영화의 주연배우는 당시 가수로서 절정의 인기를 누리던 엄정화와 성격파 배우로 활약하던 감우성이다. '그 남자, 그 여자의 불온한 멜로'라는 영화의 소제목이 흥미롭다.

영화감독은 당시 시인으로 활동하던 유하다. 그는 문학과지 성사에서 펴낸 《바람부는 날이면 압구정동에 가야 한다》라는 두 번째 시집을 통해서 성적 욕망이 들끓는 한국 사회를 비웃었다. 영화 역시 유하 감독의 문학적 감각을 바탕으로 완성되었으며, 당 시 대한민국 도시 남녀의 결혼 풍속도를 날카롭게 풍자한다.

영화의 첫 장면을 살펴보자. 선남선녀가 소개팅을 하고 있다. 연희(엄정화 분)는 섹시한 매력이 넘치는 조명 디자이너이고 준영(감우성 분)은 영문학과 출신의 대학 강사다. 홀어머니를 둔 장남이자 옥탑방에서 어렵사리 생활하는 대학 강사, 그리고 매력적인 외모를 가진 여성의 만남. 이들은 결혼이라는 이데올로기 앞에서 제한적인 선택을 강요받는다.

담담하게 자신의 가정환경과 직업을 설명하는 준영을 바라보는 연희의 눈빛이 예사롭지 않다. 그녀가 생각하는 결혼 상대의 기준은 물질 만능시대를 살아가는 현대인의 평균 이상도 이하도 아니다. 강남에 30평대 아파트 구비, 직업은 전문직, 키와 외모는 중간 이상, 명문대 졸업, 추가로 시부모에 대한 부양 책임이 전혀 뒤따르지 않을 만한 집안 상황 겸비. 조건으로만 따지면 결혼하기에 완벽하다.

영화를 감상하는 관객은 도입부부터 정서적 불편함을 느끼기 시작한다. 결혼에 관한 연희의 속물적인 태도를 보며 선뜻 동의하기도, 그렇다고 그녀의 성향이 지극히 현실적이라 내치기도 쉽지 않기 때문이다.

준영은 모든 면에서 연희를 만족시킬 만한 현실적인 조건을 갖추고 있지 않다. 그의 유일한 총알은 지식산업에 종사하는 입담 좋은 먹물이라는 정도. 그는 고학력 임시직에 내세울 것 없는 집안의 장남이다. 장인과 장모에게 자신 있게 명함을 내밀기에는 불리한 조건이 많은 존재다. 준영의 조건을 확인한 연희의 목소리에 여유와 자신감이 넘친다. 야구로 따지면 콜드 게임 선언을 앞두고 마지막 수비에 들어간 승자의 느긋함이다. 이들의 결혼 게임은 이미 승부가 났다는 느낌을 주는 대목이다.

대한민국 도시 남녀의 사랑법

탐색전을 마친 두 남녀. 그들은 첫 만남에 만취할 정도로 술잔을 주고받는다. 결혼 문화에 관한 그들의 냉소적인 대화는 애정보다 조건을 따지는 현대 남녀의 결혼 풍속도를 노골적으로 드러낸다. 미국보다도 더 자본 친화적인 나라 대한민국. 이곳에서 결혼이란 물질적 수지타산을 전제로 한 일종의 도박이다.

남녀는 자정 무렵에서야 술자리를 파한다. 연희가 택시를 잡아주려는 준영에게 태연하게 말을 건넨다. 어차피 곯아떨어질 것 같은데 택시비나 여관비나 마찬가지라고. 그녀에게 돈이란 많고 적음의 문제일 뿐 정신적 가치의 매개체일 수 없음을 보여주는 대사다. 준영은 그녀의 의견에 흔쾌히 동의한다.

이윽고 자연스럽게 섹스 행위에 몰입하는 두 남녀가 스크린에 등장한다. 격정적인 섹스는 제 짝을 찾기 위해 신중해야 할 맞선 관계를 가볍게 무시하는 일종의 사회적 저항이자 비웃음이다. 준영은 연희와 함께하고 싶은 속마음을 말하지 않는다. 이미 그녀가 원하는 결혼 조건에서 불리한 위치에 있다는 사실을 누구

179

보다 잘 알고 있기 때문이다. 연희 또한 잠자리를 가졌다고 해서 집착하지 않는다. 이후 영화는 작은 반전을 보여준다.

유혹하는 여자,
알고도 당하는 남자

이들은 만남을 지속한다. 연희는 준영 앞에서 자신이 최근 만났던 남자들의 조건을 털어놓는다. 첫 번째는 의사, 두 번째는 서울에 집을 가진 근면 성실한 직장인. 연희는 태연하게 세 번째 자리에 당신이 있다고 말한다. 그러자 준영이 묻는다. "네가 결혼한다면 그건 일종의 범죄가 아닐까? 너 같은 스타일이 신랑 하나만 바라보고 평생을 살 수 있다고 생각해?"

이 대사 이후로 관객은 준영의 진심을 조금씩 눈치채게 된다. 그는 연희를 곁에 두고 싶어 하지만, 자기가 처한 현실을 잘 알기에 말도 꺼내보지 못하는 것이다. 그렇기에 그는 그녀와의 만남에서 철저하게 수동적인 태도로 일관한다.

연희는 주말에 선을 보기로 했다고 거짓말을 하며 준영의 의향을 떠본다. 나가지 말라고 하면 선을 보지 않겠다는 말로 자신의 마음을 돌려 표현하기도 한다. 그러나 준영은 연애는 가능하지만 결혼에는 관심이 없다는 이중적인 태도를 보인다. 그래야만 조건부 만남이 가능하기 때문이다. 연희보다 준영이 더 이해타산적임을 암시하는 대목이다.

여기서 장 폴 사르트르Jean Paul Sartre의 이론을 살펴보자. 한 남성이 여성을 유혹하고 있다. 그는 그녀의 허벅지에 손을 올린다. 그녀는 그의 의도를 알아차리고 아무런 저지를 하지 않는다. 그녀는 남성의 유혹에 넘어가기로 결심한다. 하지만 그녀는 아무것도 모르는 체함으로써 자신의 선택을 위장하고 있다. 사르트르는 이런 여성의 위장을 '자기기만Mauvaise Foi'이라고 정의한다. 영화에선 남성과 여성이 서로 바뀐 처지로 등장할 뿐이다.

연희는 결국 조건상 일등 신랑감인 의사와 결혼하기로 결심한다. 예상대로 애정보다는 조건에 충실한 결혼이다. 그녀는 예물을 준비하기 위해 예비신랑 대신 준영과 함께 다닌다. 연애는 사랑하는 사람과, 결혼은 조건이 좋은 사람과 하겠다는 그녀의 태도에 관객은 혼란에 빠진다. 연희는 준영에게 "자신 있다"고 말한다. 남편에게 그들의 관계를 절대 들키지 않을 자신감을 말하는 것이다. 욕망에 솔직한 그녀의 도발적인 태도가 예사롭지 않다.

준영은 연희의 선택에 끝내 정서적 개입을 하지 않는다. 그 결과로 연희는 남편이 없는 동안 신혼집에 준영을 끌어들이기까지 한다. 둘은 그곳에서 격정적인 섹스를 펼친다. 이들의 성행위가 애절하지 않아 보이는 이유는 이미 서로가 현실적인 한계를 명확하게 인정했기 때문이다. 그들의 은밀한 섹스는 철저히 계산적인 행위로 비쳐진다.

181

조건부 만남의
종착역

　　　　　　로빈 라일Robyn Ryle이 쓴《젠더란
무엇인가》를 이야기해보겠다. 저자는 사회 구성주의자들이 근본
적으로 남녀이분법을 부정한다고 설명한다. 반면, 사회 생물학자
들은 남녀이분법을 신봉한다고 기술한다. 사회 구성주의자들의
주장은 남녀이분법을 진리처럼 여기는 문화에서 성장한 대중이
납득하기 어려운 부분이 있다.

　　　　역사적으로 영미, 유럽 사회의 시민들은 성이 두 개라고 믿
었지만 고대 그리스인들은 단성을 믿었다. 조금 더 나아가서 사
회 구성주의자들은 제3의 성 범주를 갖는 광범위한 문화, 또는 남
성도 여성도 아니라고 간주하는 이들을 위한 특별한 개념화 공간
을 주장한다.

　　　　결혼했으면서 다른 남자와 밀애를 지속하는 연희의 태도가
불편한 관객이라면 사회 생물학자의 영향권 내에 속한 사람이다.
반대로 연희가 추구하는 성적 자유와 해방의 태도에서 카타르시
스를 느끼는 관객이라면 사회 구성주의자의 시각으로 세상을 보
는 사람이다. 아마도 영미, 유럽 사회를 표방하는 한국 문화에서
는 연희의 행동을 수용하기 힘들 것이다. 게다가 한국의 가부장
문화는 남성 우위의 이데올로기를 강요하지 않는가.

　　　　그렇다면 여성과 남성의 자리를 바꿔보자. 외도하는 유부남
의 모습은 꽤 익숙하다. 막장 드라마에서 빼놓을 수 없는 단골 소

재도 불륜이다. 드라마를 시청하는 여성들은 남성의 위선적인 행동에 분개한다. 한 남성만을 바라보는 두 여성에게서 동질감을 느끼기도 한다. 아주 가끔은 남성과 여성의 역할이 바뀌기도 한다.

한국의 아침 드라마는 철저하게 사회 생물학적인 관점에서 만들어진다는 사실을 알 수 있다. 따라서 제작진은 타깃 시청자를 단일하게 설정할 수 있다. 아침 드라마는 주로 경제적 활동을 하지 않는 여성들이 많이 보고, 또 그 여성들은 대부분 기혼자이기 때문이다. 막장 드라마에 등장하는 남성은 권력자로, 여성은 권력의 피해자로 무한 반복될 뿐이다. 남녀평등에 부응하는 장면이 간혹 나오기도 하지만 아직은 갈 길이 멀어 보인다.

인간의 모든 관계가 영원할 수 없듯이 영화 속 두 남녀도 아슬아슬한 만남에 끝을 보인다. 준영이 자신의 약한 부분을 드러낸 것이다. 예고 없이 그의 자취방에 들렀다가 사라지는 유부녀에 대한 욕망과 상처가 표출되는 대목이다. 준영은 연희가 떠나고 난 뒤에 감당해야만 하는 먹먹한 심경을 토로한다. 처음으로 그의 음란한 진심을 꺼내는 순간이다. 그는 연희가 남기고 간 슬리퍼와 베개에 떨어진 머리카락을 보이며 그녀를 책망한다.

183

넌 가버리면 끝이지만 난 기분 엿같아!

화살의 끝은 연희를 향하지만 사회 경제적 기반이 거세된 초라한 자기 자신을 탓하는 것이나 다름없다.

여성 상위 섹스가
불편한 이유

영화가 이중적인 현대 여성의 은밀한 욕망을 보여준다고 생각하는 관객은 영화의 껍데기만을 감상한 격이다. 베드신만을 기억하는 관객이라면 다른 시선으로 영화를 다시 감상할 필요가 있다. 이 영화에서 주목해야 할 점은 옥탑방에서 하염없이 유부녀를 기다리는 남자 주인공이다. 그가 마지막까지 자신의 진심을 털어놓지 않았다면, 사르트르가 말했듯 준영은 자기기만적인 존재로만 머물렀을 것이다.

연희에게 결혼이란 물질적으로 안정적인 생활을 담보하는 일종의 보험이다. 그녀는 의사 남편이 아닌 다른 남자를 사랑하는 야누스적 존재다. 영화의 어떤 장면에서도 의사 남편을 아끼고 사랑하는 그녀의 모습을 찾아볼 수 없다. 관객들은 마지막 장면에 이르러서야 그녀의 두 번째 음란한 모습을 발견한다. 아마도 오래도록 시간 강사로 연명하는 지적인 남자를 사랑할 것이라는 걸.

정말 결혼은 미친 짓일까? 현대인은 영화에서처럼 결혼이라는 제도에서 자유로울 수 없는 영혼일까? 영화에서 결혼은 매우 폭력적인 사회적 통과의례로 묘사된다. 인간의 24시간을 완벽하게 감시하는 CCTV 화면처럼, 결혼은 남녀 주인공의 일거수일투족을 감시하려는 욕망의 차단제로 묘사될 뿐이다. 이를 비웃기라도 하듯, 여자 주인공은 일부일처제를 뛰어넘는 애정 행각을 벌인다. 그런 의미에서 이 영화는 현대 결혼 제도에 의문을 가진 관객들에게 작은 해방감을 선사한다. 결국, 조건부 결혼의 허망함과 도시 남녀의 복잡한 욕망을 가감 없이 드러낸 셈이다.

185

남자가 여자의 허벅지에 손을 올린다.

여자는 남자의 의도를 알아차리고 저지하지 않는다.

여자는 유혹에 넘어가기로 결심한다.

하지만 여자는 아무것도 모르는 체함으로써

자신의 선택을 위장하고 있다.

변하지 않는 건 없다,
사실

사실 언제든 돌이킬 수 있다는 믿음은

최선을 다해 노력하지 않게 하고

결과적으로 사람을 좀 비겁하게 만든다.

이제 와서 생각해보니

최소한 내가 실패한 관계들은 대개 그랬던 것 같다.

결국, 우리는 모두 순순히 누군가의 과거가 될 용기가 필요하다.

허지웅(1979~)

멋진 남성은 시대에 따라서 모습을 달리한다. 조선 시대에는 근엄한 태도로 허리를 꼿꼿하게 편 채 책을 읽는 양반이 가장 잘나가는 남성상이었다. 해방 이후에는 교회를 들락거리면서 영어 잡지를 읽어 내려가는 모던 보이가 여성들의 이상형이었다. 모름지기 남성이라면 울퉁불퉁한 복근과 힘줄이 튀어나온 팔뚝이 필수인 시절도 있었다. 2004년에 개봉한 영화 '말죽거리 잔혹사'에 등장하는 현수(권상우 분)가 대표적인 예다. 그는 절권도의 대가인 배우 이소룡을 흠모하는 고등학생이다. 그가 전학 간 강남의 고등학교는 군대와 다를 바 없는 훈육 방식으로 유명했다.

영화는 1978년으로 시곗바늘을 거꾸로 돌린다. 군부 출신의 독재자가 만들어놓은 유신 말기의 폭력적인 통치 방식이 한국 사회 곳곳에 뿌리 내린 시절이었다. 학교도 예외가 아니었다. 제자들을 바르게 이끌어야 할 교사들은 학생들을 폭력으로 다스렸다. 욕설을 퍼붓고, 시도 때도 없이 구타하고서 죄책감을 느끼지 않았다. 모든 학생이 똑같을 수 없는데 똑같아지라고 강요하던 시대. 영화는 암울한 정치 상황을 학내에서 확대 재생산하여 날 것 그대로를 보여준다.

주인공 현수는 공부, 운동, 싸움 중 어느 것 하나도 신통치 않은 평범한 학생이다. 그런 그에게 변화가 불가피한 사건이 벌어진다. 절친한 친구이자 학교 최고의 싸움꾼인 우식(이정진 분)이 학교 규율 부원들에게 몰매를 맞는 일이 벌어진 것이다. 현수는 참고 참았던 분노, 즉 자신을 억압하던 강압적인 훈육 방식과 규율부의 폭력적인 태도에 반기를 든다.

그가 내린 결론은 학교를 자퇴해버린 우식과 크게 다르지 않다. 뼈를 깎는 운동에 운동을 거듭하여 인간 병기로 다시 태어나는 현수. 영화의 하이라이트는 현수가 학교 옥상에서 쌍절곤을 마구 휘두르며 규율 부원들과 싸움을 벌이는 장면이다.

물건 없는 남자의 시대

한편 연약하고 섬세한 남성상을 내세운 영화가 등장한다. 2001년에 개봉한 영화 '봄날은 간다'에서 사운드 엔지니어로 등장하는 상우(유지태 분)를 기억하는가. 라디오 PD인 은수(이영애 분)를 사랑한 상우. 그는 은수로부터 일방적인 이별 통보를 받고 눈물을 흘린다. '말죽거리 잔혹사'에 등장하는 현수의 남성미 넘치는 모습과는 완연히 다르다. 20년 세월이 흐르는 동안 남자의 물건을 떼어버리기라도 한 것일까.

에드워드 버네이스Edward Bernays가 쓴 《프로파간다》를 살펴보자. 책에서 영화라는 장르에 대한 저자의 철학을 엿볼 수 있다. 그는 이데올로기를 확산하는 데 영화만큼 효과적인 도구가 없다고 말한다. 따라서 영화란 한 나라의 견해와 습관을 표준화하는 강력한 무기로 사용될 수 있다. 이는 대중의 경향을 반영하고, 강조하고, 심지어 과장하기까지 하는 이념 전파의 선봉에 서 있다는 의미로 귀결된다.

191

대중은 스크린을 통해서 변화하는 남성성의 이미지를 반복 학습한다. 20세기 남성성의 상징은 마초였다. 1950년대를 살았던 한국 남성은 거리낌 없이 여성을 지배하고 유린하는 존재였다. 시대착오적인 축첩제와 일부다처제가 횡행하고, 남편이 불륜을 저지르면 아내에게 죄를 묻는 전근대적인 남성 우월주의 현상이 다반사로 일어났다. 세상의 반은 여자가 아니라, 세상의 일부로만 여자가 존재하던 시절이었다.

이제 세상이 바뀌었다. 1990년대 초반, 반공 이데올로기의 시녀로만 존재하던 여성 단체가 조금씩 제 목소리를 내기 시작한다. 야당 출신 대통령이 등장하고, 하나회라는 군부 조직이 간판을 내리고, 민주화를 향한 대중의 열망이 꽃을 피우면서 사회보다는 개인의 주체성을 중요시하는 때가 도래한다. 점차 여성의 입지가 자연스럽게 넓어지기 시작한다. 빳빳이 고개를 쳐들었던 남성의 물건이 고개를 숙인다. 물건의 정체는 시민의 면전을 향해 총칼을 앞세웠던 독재 정치의 두 번째 얼굴이었다. 그렇게 한국의 마초는 그들의 자리를 중성적인 매력을 겸비한 남성들에게 양보해야만 했다.

지성이 섹시함을
결정짓는 시대

마초남과 가련남으로 이분화했던

한국 남성 시장에 새로운 도전자가 등장한다. 뇌섹남이라 불리는 남성상의 출현이다. 뇌섹남이란 '뇌가 섹시한 남자'를 줄여서 부르는 말로 주관이 뚜렷하고, 언변이 뛰어나며, 유머 감각이 있고, 지적인 매력이 넘치는 남자를 가리킨다.

'주관'이란 반사회적 성향과 일치하는 용어다. 강력한 주관은 주변인들과 원만하고 무난한 관계를 무너뜨리기 쉬운 양날의 검과 같다. '언변'이란 언어 구사 능력, 즉 한 가지 이상의 언어로 세상을 살아가는 능력을 말한다. 가정, 사회, 친구, 그 밖의 집단에서 사용하는 언어를 자유자재로 취사선택할 수 있는 사람은 그리 많지 않다. '유머'는 감각적이고 재치 있는 사람들을 위한 신의 선물이다. 적당한 냉소와 센스가 있어야 함은 물론이다. 마지막으로 '지적 매력'이 필수인데, 이는 한순간의 노력으로 얻어지는 것이 아니다. 적어도 뇌섹남을 구성하는 요소 중에서 진입장벽이 가장 높은 부분이 되겠다.

앞서 언급한 네 개의 관문을 무사히 통과한 자를 뇌섹남이라고 일컫는다. 한국에는 얼마나 많은 뇌섹남이 존재할까? 결론부터 말하자면 그리 많지 않다. 많지 않은 정도가 아니라 손에 꼽을 정도가 아닌가 싶다. 헬스장에서 두세 달 고생하면 만들어지는 근육남이나, 여존남비 사회에서 만들어진 중성남이라면 모를까. 뇌섹남으로 향하는 길은 멀고도 험하다.

대표적인 뇌섹남은 《버티는 삶에 대하여》를 쓴 작가 허지웅이다. 그는 적당히 불친절한 남자다. 절대 인생을 쉽게 살아가라고 말하지 않는다. 그렇다고 풀리지 않는 인생을 우격다짐으로 버텨보라고 억지를 쓰지도 않는다. 사람은 연민만 아니라면, 자기혐오로도 충분히 살 수 있다고 나직하게 중얼거린다. 그는 책을 통해서 이렇게 속삭인다.

우리는 모두 상처받으며 살아왔고, 앞으로도 그럴 것이라고. 하지만 상처는 상처고 인생은 인생이므로, 상처를 과시할 필요도 자기변명을 위한 핑곗거리로 삼을 이유도 없다고. 상처를 껴안고 공생하는 방법을 조금씩 터득하게 될 것이라고. 그렇게 허지웅은 일상의 굴곡진 구석을 외면하지 않는다.

193

새로운 남성상의
미래를 점치다

그는 사실 뇌섹남 이상의 것을 가진 남자다. 방송에 어울리는 외모와 패션 감각까지 갖추었다. 그러다 보니 그가 강의하는 장소에는 수많은 여성이 모여든다. 모성애를 자극하는 마른 체형에, 나직이 속삭이는 허지웅의 언어와 지적인 분위기를 즐기기 위해서다. 뇌섹남과는 거리가 먼 남성들의 질투를 살 수밖에 없다.

허지웅은 책에서 봄의 따스함이란 사그라질수록 빛을 발하는 것이라고 이야기한다. 그에게 여름 더위와 겨울 추위란 말미로 치달을수록 무디어가는 형이상학적 존재다. 그에게 봄이란 가장 아름답고 충만했을 때 예고 없이 자취를 감추는 시한부 계절이다. 마치 절정에서 멎어버린 위대한 음악처럼 순식간에 증발해버리는 눈덩이 같은 것. 그래서 허지웅에게 가장 아름다운 봄은 가장 늦은 봄을 의미한다.

그의 글은 언제나 아련한 뒷맛을 남긴다. 문장의 시작이 요란하지도, 화려하지도 않아서 그렇게 조금씩 독자들의 심장을 향해 더딘 걸음을 내디딘다. 당연히 글의 정점은 존재하지 않는다. 음란한 뇌를 자랑하기 위해 유치한 허세를 떨지도 않는다. 독자들에게 아무것도 강요하지 않지만, 우리는 글을 통해 그의 머릿속으로 조금씩 융해되는 과정을 경험한다. 따라서 허지웅은 뇌섹남 이상의 남자다.

왜 사람들은 단단해 보이는 근육남도, 불면 날아갈 듯한 가련남도 아닌 뇌섹남에 환호하는 것일까? 뇌섹남들은 말한다. 주관, 언변, 유머, 지적 매력이 아무리 뛰어나더라도 훈훈한 가슴이 없다면 별로 신통할 것도 없다고. 가슴이 없는 뇌섹남은 일종의 유행 상품일 뿐이라고. 나도 동의한다. 뇌섹남의 유효 기간은 길지 않을 것이다. 미래에 등장할 네 번째 남성상은 머리만 살아 숨쉬는 뇌섹남이 아니라 가슴까지도 훈훈한 남성일 것이다. 바로 음란한 가슴을 가진 남자가 네 번째 시대의 남성상이 될 것이다.

195

색녀인가,
성녀인가

용기 있다는 것은 아무 대가도 바라지 않고
누군가를 무조건 사랑하는 것입니다.
사랑을 그저 주는 것입니다.

마돈나(1958~)

하얀 웨딩드레스를 입고 미국의
음악 전문 방송인 MTV 무대에 오른 매력 넘치는 팝 가수가 있었
으니, 때는 1984년 9월, 3단 웨딩 케이크 조형물 꼭대기에서 '라
이크 어 버진'을 부르면서 등장한 신인 여가수 마돈나Madonna였다.
무대로 내려온 그녀는 구두를 벗어 던지고, 산발한 채 무대 바닥
을 마음껏 뒹군다. 객석을 향해 속옷을 노출하는 파격적인 무대
를 연출한 그녀는 팝 역사의 새 지평을 여는 주인공이 된다.

　　마돈나의 본명은 마돈나 루이스 치코네Madonna Louise Ciccone.
이탈리아계 미국인 가정에서 육남매의 맏딸로 태어났고 고향은
미시간이다. 어린 시절 어머니를 유방암으로 잃은 뒤 그녀는 독
립적이고 주체적인 존재로 거듭난다.

스타로서 마돈나의 재능은 10대 시절부터 두각을 드러내기 시작한다. 주 종목은 노래가 아닌 춤. 남자친구와 교제하기보다 댄스 수업에 열중이던 고등학생 치어리더는 대학 입학 후 춤과 아르바이트, 파티걸의 생활을 만끽하는 와중에도 오전 8시가 되면 어김없이 수업에 열중하는 만만치 않은 자기 관리 능력을 보여준다.

그녀에게 미시간이라는 지역은 꿈을 펼치기에 너무나도 작은 세계였다. 끼로 중무장한 신입생의 재능을 눈여겨본 교수가 마돈나에게 연예계 데뷔를 권한다. 그녀는 가족과 친구들의 반대에도 뉴욕행 비행기에 탑승한다. 무명 춤꾼에게 뉴욕이라는 도시는 외롭고 고단한 일상을 감수해야만 하는 땅이었다. 거듭되는 아버지의 귀향 요구도 마돈나의 고집을 꺾을 수 없었다. 우범 지역이나 다름없는 곳에서 귀갓길에 치한에게 성폭행당하는 끔찍한 사고를 겪기도 한다.

뉴욕에서 댄스 수업료와 생활비를 벌기 위해 마돈나는 닥치는 대로 일을 해야 했다. 누드 사진 모델, 레스토랑의 휴대품 관리인, 도너츠 가게 아르바이트 등 어린 나이에 생활 전선에 나서 모진 고생을 했다. 춤만으로 뉴욕에서 승부를 볼 수 없다는 사실을 깨닫고는 백 보컬 오디션을 받고 영화 출연을 병행하면서 자신의 입지를 조금씩 넓혀간다. 그녀는 자신을 후원해준다는 프랑스인 프로듀서의 매력적인 제안도 뿌리치고 꿈을 향한 도전에만 전념한다.

과연 무엇이 20대의 마돈나를 끊임없이 나아가게 만들었을까. 그녀의 어린 시절을 지배했던 어머니의 때 이른 죽음도, 아버지의 재혼도, 경제적 결핍도, 소녀 가장이라는 책임감도 아니다. 자신의 꿈을 이루기 위해 명확하게 목표를 설정하고, 재능의 한계와 차이를 구분할 줄 아는 선구안이었다. 만약 그녀가 오로지 춤으로만 뉴욕에서 두각을 나타내고자 했다면 가수이자 배우로서 마돈나는 존재하지 않았을 것이다.

마돈나의
인간적인 남자들

1980년대 대중음악계는 마이클 잭슨Michael Jackson과 마돈나가 휘어잡는다. 당시 그들에게 유명세란 매일 치러야 하는 싸움과 다를 바 없었지만, 그것을 대하는 두 톱스타의 태도는 분명 달랐다. 마이클 잭슨은 자신의 유명세를 유지하기 위해 엘리자베스 테일러Elizabeth Taylor와 브룩 쉴즈Brooke Shields 등 유명 여배우와의 스캔들에 끊임없이 집착한다. 강박에 가까울 정도로 인기 추락을 불안해하던 그와 달리 마돈나는 자신의 삶을 즐기고, 관리하고, 지배하면서 수십 년간 만능 엔터테이너의 생을 이어간다.

단적인 예를 들자면, 마돈나는 자신이 선택한 이성을 당당하게 공개하고 연애에 집중하는 태도를 보인다. 보여주기식 연애가 아니라 순수한 감정과 의지로 만들어가는 연애 방식을 고수한다. 그녀의 연애 상대를 살펴보면 자유롭고 개방적인 취향을 감지할 수 있다. 그렇지 않다면 자신보다 무려 30살이나 어린 무명의 연하남과의 애정 행각을 공개하기란 쉽지 않은 선택일 것이다.

다음은 마돈나의 연인들이다. 첫 남편이었던 영화배우 숀 펜Sean Penn, 그녀의 뮤직비디오에 출연한 토니 워드Tony Ward, 사진작가 허브 릿츠Herb Ritts, 마돈나의 일방적인 짝사랑으로 끝나버린 배우 안토니오 반데라스Antonio Banderas, 짧은 연애로 그친 9살 연하남이자 래퍼인 바닐라 아이스Vanilla Ice, 농구계의 악동 데니스 로드맨Dennis Rodman, 나이트클럽 대표 잉그리드 카사레스Ingrid Casares, 뉴욕 센트럴파크에서 조깅하다 만난 피트니스 트레이너 카를로스 리언Carlos Leon, 정치인의 아들 존 F. 케네디 2세John F. Kennedy Jr., 두 번째 남편이었던 영화감독 가이 리치Guy Ritchie, 매니저 가이 오시어리Guy Oseary, 브라질 출신 모델이자 30살 연하의 지저스 루즈Jesus Luz, 역시 30세 연하의 댄서 브라힘 자이바Brahim zaibat.

이들의 면면을 살펴보자. 유명 배우, 래퍼, 농구선수, 사업가, 영화감독도 보이지만 매니저, 무명 모델, 댄서, 피트니스 트레이너 등 이름이 알려지지 않은 인물도 쉽게 확인할 수 있다. 이는 마돈나가 연애 상대의 유명세에 대한 의존도가 없거나, 극히 낮다는 방증이다. 자신과 비슷한 인기인만이 연애 상대로 적합하다는 고정관념이나 스타병에 빠진 이들과는 근본적으로 다르게 사고한다는 것을 알 수 있다.

그녀가
만들어가는 세상

가수 마돈나는 익숙하지만, 영화 배우 마돈나는 왠지 어색하다. 가수로서 그녀의 입지가 상대적으로 크기 때문일 것이다. 그녀가 1979년부터 2006년까지 출연한 영화가 무려 21편이라는 사실을 아는 이는 많지 않다. 우리나라는 출발이 비교적 늦었지만, 미국은 1980년대부터 이미 멀티 엔터테이너라는 개념이 자리 잡고 있었다. 마돈나도 노래와 연기의 세계를 자유롭게 넘나드는 행보를 보인다.

연기자로서 마돈나의 지명도는 그리 대단하지 않았다. 그녀의 연기력이 부족한 탓도 있겠지만, 가수로서 인기가 워낙 좋다 보니 상대적으로 기대치가 높지 않고, 연기보다는 음악으로 그녀를 평가하려는 팬들의 생각도 한몫을 했기 때문이다.

그렇다고 마돈나의 출연작이 모두 별 볼일 없는 졸작은 아니다. 특히 1997년 개봉한 영화 '에비타'는 마돈나의 영화 인생에 최고의 영예를 안겨준 걸작으로 인정받는다. 아르헨티나 대통령 후안 페론Juan Peron의 퍼스트레이디 역을 무리 없이 소화해낸 마돈나는 그해 골든글러브 여우주연상이라는 영예를 차지한다. 또한 그녀가 부른 영화의 주제곡 '유 머스트 러브 미'는 아카데미상 최고의 노래 부문에 추천작으로 이름을 올린다. 이후 마돈나는 영화 '넥스트 베스트 씽', '007 어나더 데이' 등에 출연한다.

자유분방하면서도 키치한 분위기를 가진 마돈나는 20대 후반에 음악적 전성기를 누린다. 명성과 함께 물질적 혜택도 입는다. 당연히 미디어의 관심은 그녀의 일거수일투족에 집중한다. 사회의 이목과 음악적 결과물, 인기를 동시에 관리해야 했던 그녀. 평범한 사람이었다면 때 이른 스타병에 빠져 허우적거리거나 현실을 외면하고 숨어버리는 상황이 벌어졌을 수 있다. 하지만 마돈나는 자신의 위치를 즐기면서 이를 발전시킬 줄 아는 역량을 가진 여성이었다.

그녀는 중독이라고 할 만큼 운동에 몰두한다. 콘서트에서 이를 증명이라도 하듯이 50세를 훌쩍 넘긴 나이에 두 시간에 달하는 공연을 거뜬히 치러낸다. 2005년 여름, 마돈나는 승마를 즐기다가 낙상해 중상을 당한다. 갑자기 놀란 말이 그녀를 바닥으로 던져버린 사건이다. 그녀는 쇄골을 포함해 뼈가 여덟 군데나 부러졌다는 진단을 받는다. 집에서 장기 요양을 권하는 의사의 조언을 무시하고 그녀는 목발을 한 채 매일 헬스장을 찾는 집념을 보인다. 한시도 나태한 모습을 보이지 않는 그녀의 성격을 단적으로 보여주는 예다.

유명인의 특징 중 하나는 자신의 사회적 계급이 상승함에 따라 기득권의 위치에서 세상을 바라보는 경우가 허다하다는 점이다. 하지만 마돈나는 그렇지 않았다. 대표적인 사례가 에이즈에 대한 꾸준한 행보다. 그녀는 에이즈 관련 자선 행사와 홍보에 열중한 최초의 연예인이다. 그녀의 댄스 교사였던 크리스토퍼 플린 Christopher Flynn 역시 에이즈 환자였는데, 그가 에이즈 바이러스 보균자 진단을 받았을 때 가장 의지했던 이가 제자인 마돈나였다고 밝힌 바 있다.

마돈나는 기아 문제에서도 적극적이다. 2005년 7월, 런던 하이드 파크에서 열린 '라이브 에이드Live Aid'의 주역 역시 그녀였다. 이 행사는 심각한 세계 기아 문제와 관련하여 열릴 예정이던 주요 8개국 정상회의에 참석하는 정치인들을 각성시키려는 목적을 가지고 있었다. 본 행사에는 마돈나를 비롯해 그룹 유투U2, 로비 윌리엄스Robbie Williams 등이 참석했다. 자선 행사에 열심이던 그녀는 라이브 에이드에서 자신의 히트곡 '라이크 어 플레이어'를 선사한다.

아이에 대한 사랑 또한 각별하다. 2006년 후반에 마돈나는 아프리카 말라위에서 기아에 허덕이는 아이들의 현실을 알게 된다. 그해 말라위를 직접 방문해 아이들을 위한 자선단체를 설립하고 데이비드 반다David Banda라는 아기를 입양한다. 말라리아와 폐결핵에 시달리던 데이비드는 마돈나의 보살핌 아래 건강한 소년으로 성장한다. 2009년 10월에는 말라위 릴롱웨라는 지역에 학교를 설립하기도 한다.

배우기 시작하면
세상이 달라진다

2005년, 마돈나는 자신에 관한 다큐멘터리를 홍보하기 위해 뉴욕의 공립대학인 헌터대학교를 방문한다. 그곳에서 마돈나는 학생들에게 말한다. 일단 배우기 시작하면 자신이 그동안 아무것도 몰랐다는 것, 그리고 정말 배울 것이 많다는 사실을 깨닫게 될 것이라고. 이를 경험한다면 스스로 겸손해지지 않을 수 없다고 강조한다. 섹시 아이콘으로 알려진 마돈나가 매우 영리하고 현실적인 인물이었음을 보여주는 대목이다. 세상에 대한 눈높이를 스스로 조절해온 마돈나는 유명인의 삶조차 자신의 기준에 맞게 재정립한다.

흔히 마돈나의 인생과 대비되는 여성 팝 스타가 있다. 그녀의 이름은 휘트니 휴스턴Whitney Houston. 마돈나보다 5살 어린 그녀는 뛰어난 성량으로 데뷔 음반부터 세간의 주목을 받는다. 마돈나처럼 음악과 연기를 병행했던 그녀는 1992년 개봉한 영화 '보디가드'에서 배우 케빈 코스트너Kevin Costner의 파트너로 열연했는데, 캐스팅 과정에서 마돈나와 각축을 벌였다고 알려져 있다.

마돈나는 데뷔 시절부터 파티걸의 이미지를 지닌 채로 40여 년을 전력 질주해온 여전사다. 그녀는 전형적인 흙수저 인생의 상징이고, 인생 역전의 팝 스타이자 훌륭한 어머니와 자선사업가로 다양한 배역을 소화해낸다.

1980년대 대중음악의 가장 큰 특징은 뮤직비디오를 앞세운 음악 산업의 전성기였다. 마돈나는 수명이 짧다는 섹시 이미지로 대중 앞에 나타났지만, 세상의 편견으로부터 자신의 가치를 재생산해내는 능력을 키워나갔다. 나는 그녀를 볼 때마다 여성 해방의 이미지를 발견하곤 한다. 그녀의 음란성은 색녀와 성녀라

는 두 가지 얼굴을 동시에 가지고 있기에, 마돈나의 거침없는 음
악 행보에 응원을 보낸다.

결혼이라는 이름의
물물교환

웨딩 케이크는 세상에서 가장 위험한 음식이다.

미국 속담

2015년 듀오휴먼라이프연구소에서 흥미로운 설문 조사를 실시했다. 내용은 한국 미혼 남녀의 이상적인 배우자 선택 기준이다. 여성은 남성 배우자의 성격, 경제력, 직업을 우선순위로 꼽았다. 그에 비해 남성은 여성 배우자의 성격, 외모, 경제력 순으로 꼽아 여성 그룹과는 사뭇 다른 결과를 보인다. 여성에게 남성의 외모는 경제력이나 직업보다 중요하지 않다. 반면 남성에게는 여성의 직업이나 경제력보다 외모가 우선이다. 외모 지상주의의 시발점이 현대 남성의 결혼관에서 연유한다고 볼 수 있다.

'중매쟁이'라는 말이 유행하던 시절이 있었다. 이 직업의 조건은 마당발이어야 하고, 적재적소에 결혼 가능성이 높은 남녀를 맺어주는 감각이 절대적이다. '사'자 돌림의 전문직종을 중심으로 이성을 연결하는 사람이 있는가 하면, 동네에서 알음알음으로 백년가약을 성사시키는 사람도 있다. 결혼 성사율과 더불어 얼마나 다양한 거래처를 확보하고 있느냐에 따라 그들의 능력이 좌우된다.

21세기에는 중매 전문 기업이라는 새로운 형태의 소개자가 등장한다. 결혼정보회사, 즉 결정사라는 이름으로 활동하는 그들은 선금으로 수백만 원의 가입금을 받은 뒤 적합한 이성을 연결해주는 중매쟁이 노릇을 한다. 말하자면 거액의 돈이 오가는 계약을 통해 목표한 매출의 대부분을 미리 달성해두는 셈이다. 이를 둘러싼 가입자들의 민원 또한 적지 않다. 자신의 가치가 소개받은 상대보다 우월하다는 데서 항의하는 것이다. 인생에서 가장 아름답고 소중한 동반자를 만난다는 것이 이렇게 속물적이고 계산적인 대인 거래로 바뀌는 경우가 적지 않다.

그렇다면 지인이 주선해주는 소개팅이 결혼정보회사의 구조적 한계를 극복할 수 있을까? 아쉽게도 소개팅 역시 명백한 한계가 존재한다. 소개를 주선한 이에 대한 부담으로 만남이 순조롭게 이루어지지 않는 경우가 빈번하기 때문이다. 제삼자가 끼어 있으니 서로의 마음을 확인하고 스킨십을 하기까지 시간이 걸린다. 하지만 결혼정보회사를 통하는 경우 다른 이들의 입김이나 관심에서 자유로우므로 이야기가 달라진다. 자신의 속내와 감정, 성적 욕망을 솔직하게 표출할 가능성이 크다. 결혼정보회사는 상대방에 대한 선택권과 자유로운 소통 가능성을 극대화하는 역할을 무난히 수행한다.

외모와 성적 매력의
방정식

스마트폰의 발전은 맞선 문화에도 영향을 미쳤다. IT 강국인 한국은 중매 전문 기업의 위상을 무너뜨릴 만한 세 번째 물결을 일으킨다. 이른바 소개팅 애플리케이션의 탄생이다. 과거에도 인터넷 사이트를 통한 일대일 만남은 있었다. 하지만 실시간으로 회원들의 상세한 프로필을 검색하거나 사전 연락을 통해서 만남이 이루어지는 구조는 아니었다. 이제는 휴대폰으로 모르는 이성과 얼마든지 연락이 가능한 시대다.

중요한 것은 남성 대부분이 아름다운 외모, 성적 매력, 활력 등을 아우르는 매력 자본을 지닌 여성을 원한다는 점이다. 특히 여성의 외모는 부족한 부분을 메우는 결혼의 열쇠가 되곤 한다. 학력, 재력, 성격, 집안, 이 네 박자가 꼭 맞아떨어져도 외모가 좋지 않으면 호감을 주기가 어렵다. 반면 나머지 네 가지가 부족하더라도 출중한 외모를 가졌다면 엄청난 무기가 될 수 있다. 물론 이는 남성에게도 똑같이 적용되지만 여성에게 훨씬 크게 적용된다.

2015년 1월, 중국의 결혼정보회사가 발표한 자료에 따르면 외모가 결혼에 미치는 영향력을 확인할 수 있다. 이 회사는 중

209

국 전역에 거주하는 총 7만 3,215명의 미혼 남녀를 대상으로 설문 조사를 실시했다. 그 결과를 보면 중국 여성들은 남성의 경제력을 결혼의 최우선 조건으로 꼽았다. 반면 중국 남성들은 여성의 외모라고 답했다.

영화에서 간혹 등장하는 영원불멸의 사랑이란 자본주의 시대의 결혼 조건에서 멀찍이 비껴나 있다. 경제력이나 외모가 따라주지 않는다면 사랑은 결혼의 우선 조건이 되지 않는다는 뜻이다. 이성 간의 최고 가치라는 사랑도 별 수 없다. **현대인의 사랑은 경제력이나 외모 등의 조건이 충족되어야만 슬며시 등장하는 퇴물로 추락해버렸다. 조건부 만남으로 성사된 보여주기식 결혼 생활은 모래 위에 쌓은 성과 다름없다.**

그렇다면 남성에게 여성의 외모란 무엇을 의미할까? 외모란 인간의 시각을 통해서 확인 가능한 성적 교란 매체다. 남성은 시각만으로도 충분히 성적 자극을 받으며 이를 즐기는 성욕 덩어리다. 여성이 쉽사리 이해할 수 없는 남성의 돌출 행동도 시각에서 출발하며, 여성의 외모에서 성적 만족의 첫걸음을 뗀다고 봐도 과언이 아니다. 세상이 성형 천국으로 변하는 이유가 바로 여기에 있다. 강남에서는 성형한 티가 전혀 나지 않는 일명 명품 성형까지 판치는 중이다. 외모 수준이 인간의 정체성을 대변하는 이상 현상이 결혼의 의미마저 격하시키는 것이다.

그렇다고 외모가 특출한 여자의 생이 행복하다고 생각하면 오산이다. 일반적으로 미인은 자신의 필살기가 무엇인지 정확히 알고 있다. 마음만 먹으면 웬만한 남성은 유혹할 수 있다는 이른바 '외모 우선의 법칙'을 반복 학습해서 체화했기 때문이다. 자신이 원하는 남성의 기준도 완벽 그 자체여서 경제력, 직업, 교양, 집안, 학벌 면에서 조금도 빠져서는 안 된다. 설령 한두 가지 조건을 포기한다 해도 경제력만큼은 쉽사리 포기하지 않는다.

자본과 외모라는 이름의 환상

수년 전 결혼정보회사의 인터넷 게시판을 어지럽게 만든 '댓글 사건'이 있었다. 사건의 전말은 이렇다. 전문직에 종사하는 노총각이 결혼정보회사에 가입한 여인들과 일회성 성관계를 맺은 것이다. 여기까지는 별 문제가 없다. 성폭행이 아니라 쌍방의 합의에 따른 관계였기 때문이다.

문제는 여기서 그치지 않았다. 한 여인이 해당 사이트 게시판에 그 호색한을 비난하는 글을 올렸다. 순식간에 비슷한 경험을 했다는 여성 회원이 열 명을 넘었다. 심지어 다양한 체위로 성관계를 가졌다는 자극적인 댓글까지 등장한다. 자신이 남성에게 성적으로 농락당했다는 것이 주장의 요점이었다. 결국 해당 게시판은 폐쇄되고, 논란의 장본인은 결혼정보회사에서 강제 퇴출되면서 사건이 일단락된다.

돈과 직업을 무기 삼아 하룻밤 섹스를 즐기려는 남성이 적지 않다. 그들은 자신의 경제력과 세인들이 흠모하는 직업을 무기로 여성의 육체를 마음껏 탐닉한다. 물론 어떤 여성도 남성에게 호락호락 몸과 마음을 내주지는 않는다. 이른바 자본 대 외모 간의 진검승부다. 주특기가 다른 선수끼리 만난 것이다. 그러나 목적지가 서로 다른 이성들의 종착역은 헤어짐이다. 형이하학적 관계만을 추구하는 상황에서 인간의 본원적인 가치는 순식간에 사라진다.

자본과 외모만을 앞세운 남녀 간의 결혼은 비극으로 치닫기 마련이다. 이들이 원하는 결혼은 낡고 썩은 권력과 다를 바 없다. 모든 권력은 세월이 흐르면 부패하고, 부패한 권력은 또다시 새로운 권력을 꿈꾼다. 결과는 이전과 다르지 않다.

권력자란 자본과 외모라는 이름의 환상에 빠지기 쉬운 존재다. 그들에게 절실한 것은 바로 음란한 마음이다. 이외수 작가의 말처럼 세상을 솔직하게 바라볼 수 있는 육안肉眼과, 세상의 굴곡진 곳을 마음껏 비판할 수 있는 심안心眼과, 세상의 중심에 스스로 자리할 수 있는 영안靈眼을 가지는 것. 이것이 음란한 마음의 지향점이라는 사실을 막연하게 인식하고 있지만 행동으로 보여주는 이는 그리 많지 않다.

외모를 돈으로 해결하려는 성형수술, 미인을 우대하는 결혼정보회사, 돈이면 사랑도 살 수 있다는 천박한 배금주의는 모두 사라져야 할 그릇된 풍속이다. 오늘도 귀가 후에 하염없이 거울을 응시하면서 백설공주의 동화를 떠올리는 이들에게 건네고 싶은 말이 있다. 거울에게 누가 제일 아름다운지 묻지 말기를. 대신에 당신의 마음이 얼마나 음란한지를 묻도록. 물론 비용은 지불하지 않아도 된다. 거울 속의 세계는 상대방을 성적 도구로 취급하는 인간 정육점이 아니니까.

영원불멸의 사랑이란
자본주의 시대에서 멀찍이 비껴나 있다.
이성 간의 사랑도 별 수 없다.
경제력이나 외모 등의 조건이 충족되어야
슬며시 등장하는 퇴물로 추락해버렸다.

21세기형
동거 남녀의 탄생

결혼은 여자들의 가장 흔한 생계 수단이다.
원하지 않는 섹스의 총량은
아마도 성매매보다 결혼 관계에서 더 많을 것이다.

버트런드 러셀(1872~1970)

여기 낡고 갑갑한 결혼 제도의 허
울을 일찌감치 털어버린 용감한 나라가 있으니, 바로 프랑스다. 프랑스의 역사는 혁명과 변화의 축소판이다.

우선 1789년에 발발한 프랑스 대혁명이 있다. 자유, 평등, 박애라는 의식주 다음으로 중요한 사회적 가치를 위해 아래로부터의 혁명이 벌어졌다. 당시 프랑스의 특권계층은 귀족과 성직자였다. 이들의 거듭되는 횡포에 분노한 시민들은 바스티유 감옥을 습격하여 죄수들을 풀어준다. 이 사건을 기점으로 부패한 왕권에 대한 집단적인 저항이 전국으로 번진다. 농민들도 혁명에 가담해 귀족의 저택을 습격한다. 프랑스 대혁명은 국왕 루이 16세를 단두대에서 공개 처형하며 정점을 찍는다.

다음으로 1968년 5월에 벌어진 68혁명이 있다. 파리 근교의 낭테르대학교에서 발발한 68혁명은 미국의 베트남 침공에 저항하는 반전 운동으로 점차 번져나간다. 당시 프랑스를 포함한 유럽은 미국과 소련의 냉전 상황을 평계로 국민들을 억압하는 공포정치를 펼치던 중이었다. 억압은 반드시 저항을 부르는 법. 68혁명을 주도했던 젊은 세대는 정신적 가치를 무시하고 물질적 풍요에만 집착하는 자본주의 사회를 비판한다. 프랑스에서 일어난 자유화 운동의 정신은 일본의 전국학생공동투쟁회의(일명 전공투) 결성을 포함하여 전 세계로 퍼져 나간다.

난 한 사람에
만족할 수 없어

《나는 빠리의 택시 운전사》를 쓴 작가 홍세화는 국내에 프랑스 문화를 전도한 인물이다. 그는 과거 유신체제를 비판한 '남조선 민족해방전선 준비위원회'의 일원이라는 이유로 검거 대상이 되었다. 당시 무역회사 직원으로 유럽에 거주하던 그는 체포를 피해 프랑스로 도피한다. 출간 직후 베스트셀러에 오른 이 책은 20세기 후반 프랑스의 풍경을 이방인의 시선으로 섬세하게 묘사했다.

그는 책 후반부에서 '똘레랑스tolerance' 정신을 강조한다. 이는 소수에 대한 다수의, 소수 민족에 대한 다수 민족의, 소수 외국인에 대한 다수 내국인의, 약자에 대한 강자의, 가난한 자에 대한 가진 자의 횡포를 막으려는 이성의 소리다. 그리고 권력의 횡포로부터 개인을 보호하려는 의지라고 저자는 덧붙인다. 국민의 절반 이상이 가톨릭 인구인 프랑스지만 이를 국교로 인정하지 않는 것을 예로 들면서 프랑스를 진정한 똘레랑스 정신이 살아 있는 나라라고 설명한다.

프랑스는 결혼 문화에서도 다른 국가들과 커다란 차이를 보인다. 젊은이의 70퍼센트 이상이 결혼보다 동거를 선호한다. 그들은 왜 결혼이라는 제도를 거부하는 것일까? 이유는 결혼이 단 한 명의 배우자에게 만족해야 한다는 사회적 구속이라고 이해하기 때문이다. 한 사람에 만족하기보다 다수와 관계 맺기를 통해서 인생의 선택지를 다원화하겠다는 의지의 표현이다.

2012년 대통령으로 당선된 사회당 출신의 프랑수아 올랑드François Hollande 또한 여러 연인들과 동거했던 인물이다. 그는 퍼스트레이디였던 발레리 트리에르바일레Valerie Trierweiler와 동거했던 과거가 있다. 그 무렵 그녀는 두 번의 이혼 경력과 아이 셋을 가진 언론인이었다. 올랑드 대통령은 반대 세력이 획책을 꾸며 동거 사실을 폭로하자, 개인의 사생활은 보호받아야 한다는 성명을 내는 동시에 폭로 내용에 대해서 부인하지 않는 태도를 취한다. 흥미로운 사실은 프랑스 유권자 여론 조사에서 무려 70퍼센트가 넘는 이들이 그들의 동거에 대해 문제가 없다고 응답한 것이다.

결혼 제도는 1970년대 무렵까지 유럽에서 당연한 사회적 의무로 받아들여졌다. 하지만 지금의 프랑스는 결혼하는 사람보다 동거하는 사람이 무려 10배나 많다. 이들에게 동거란 한국처럼 비밀리에 이루어지는 일이 아니다. 오히려 결혼보다 상위 개념으로 자연스럽게 받아들인다. 프랑스 정부는 동거하는 사람들에게 다양한 사회 보장 제도를 실시하고 출산 장려금을 지원하기도 한다. 동거 문화에도 똘레랑스 정신을 적용하는 것이다.

결혼 제도라는
낡은 역사

19세기까지 기독교에 경도되었던 유럽인들은 창세기 신화의 간판 모델인 아담과 이브처럼 일부일처제를 의무적으로 이행해야 한다고 믿었다. 결국, 인간이 만들어낸 결혼 제도란 기독교라는 종교가 만들어낸 성문화의 일부분인 셈이다.

유럽 전체를 뒤흔들었던 기독교의 반대편에는 찰스 다윈이라는 인간의 아들이 있었다. 다윈의 진화론이 등장하자 모든 가치를 인간이 아닌 신의 입장에서 해석하던 사회 제도에 변화의 바람이 불기 시작한다. 이후 국왕과 동등한 위치에서 무위도식하던 종교는 평범한 인간의 삶으로 내려온다.

결혼 제도도 예외가 아니었다. 대표적인 사건이 1861년 요한 제이콥 바흐오펜Johann Jakob Bachofen 교수가 주장한 '원시 인류의 암수교접법' 강의다. 그는 다윈의 이론에 입각하여 인간이 결혼 제도와 관계없이 자유롭게 짝짓기 행위를 한다는 주장을 펼친다. 이는 부권父權 중심의 불평등한 결혼 제도에 대한 근본적인 반발이자 비판의 예봉이었다.

일부일처제를 남성 위주의 폭력적인 제도라고 주장했던 학자는 바흐오펜 외에도 많았다. A. 브론스키A. Bronsky는 역사적으로 진정한 일부일처제란 단 한 번도 이루어지지 않았다고 주장한다. 그는 일부일처제의 형식을 취하면서 수많은 첩을 거느리고 혼외 정사와 매춘을 즐기는 남성의 사례를 대표적인 예로 든다. 폭력적인 결혼 제도는 여성 배우자에게 희생과 불평등을 강요하고 사회적 모순을 반복하게 하는 필요악으로 결론지어진다.

한편 프리드리히 엥겔스Friedrich Engels는 10년을 주기로 남녀 간의 결혼을 반복할 수 있게 해야 하며, 자녀들을 국가에서 양육해주는 제도를 만들 것을 주창한다. 이는 지금까지 등장했던 수많은 결혼 제도 중에서 가장 획기적인 이론으로 알려져 있다. 여성의 순결이 마치 도덕적 의무인 양 외치는 타락한 부권주의자들에게 경종을 울릴 만한 신선한 주장이었다.

일부일처제라는 철가면을 쓴 결혼 제도는 언젠가는 바뀌어야 할 일종의 시한폭탄이다. 결혼 제도는 인간의 역사에서 치명적인 문제점을 지닌 채 무한 반복되고 있다. 프랑스에서 일상으로 받아들여지는 동거는 결혼 제도와 비교하여 여성의 권리와 선택을 확대 재생산해주는 보완재의 역할을 하고 있다.

221

결혼의
종말 이후

　　　　　　　　　　그럼에도 결혼 제도가 존재해야 하는 이유는 많다. 결혼서약서란 공인된 섹스를 보장하는 일종의 성교 확인 증서다. 그들의 허가받은 잠자리를 누구도 손가락질하지 않는다. 종족 번식이라는 생물학적 이유를 위해서도 결혼이 필요하다. 하지만 아이를 갖지 않겠다는 부부가 점차 늘어나면서 조금씩 설득력을 잃어가고 있다.

　　　　또 결혼은 평균적인 사회인의 테두리 안으로 진입하기 위한 강박적 행위이다. 당연히 이들의 삶은 주체적 자아실현과는 거리가 멀다. 늘어나는 황혼 이혼이 이를 증명한다. 마지막으로 결혼은 경제 사회적 계급의식을 고양한다. 이는 신데렐라 콤플렉스를 실현하는 것 이상도 이하도 아닌 일종의 사행 심리의 발로에 불과하다.

　　　　그렇다면 프랑스처럼 국가 차원에서 지원이 가능한 동거 제도가 말도 많고 탈도 많은 결혼 제도의 보완재로서 충분한 가치를 지니는가? 여기에도 어려움은 있다. 대학등록금을 거의 지불하지 않는 프랑스처럼 사회복지 제도가 뒷받침되는 국가가 아닌 이상 동거인들을 위한 경제적 지원은 어불성설이다. 노후 생활에 대한 복지 정책조차 부족한 한국에서 결혼이란 남녀 간의 경제적 결합이라는 배타적 의미를 지닌다. 따라서 경제적 보장이 흔들리는 상황이 닥친다면 결혼 생활은 결국 벼랑 끝에 내몰리게 된다.

　　지금도 수많은 예비 신랑신부들이 결혼이라는 제도의 굴레 속에서 통과의례를 반복하고 있다. 그들에게 결혼은 생존하기 위한 최선의 방식일까? 아니면 음란함이 거세된 물질 만능시대의 불확실한 대안일까? 결혼 제도에 대한 근본적인 고민이 필요한 시점에서 누가 고양이 목에 방울을 달 것인가? 해답은 똘레랑스 정신으로 무장한 대중의 선택에 달려 있다.

223

PART 5

전복

그들의 발칙하고 불온한 상상

인간은 태초의 음란함을 유지하거나 강화하기 위해 전복을 꿈꾼다. 전복의 장소는 공간을 초월한다. 잡지, 사진, 소설, 만화라는 문화 콘텐츠를 통해서 끊임없이 시도된다. 우리를 통제하고 조종하는 세상의 모든 억압, 차별, 금기, 편견에서 벗어나야만 한다. 탈출한 자의 머리에는 '음란한 인문학'이라는 지혜의 문구가 새겨질 것이다.

변태
사진작가

나는 평생을 살면서 오늘날처럼
예수에 대한 불경과 신성 모독을 목격하리라고는
꿈에도 생각지 못했다.

도널드 와일드먼(1938~)

1989년 4월 5일, 미국 국회에 신문 한 부가 도착한다. 미국 가족협의회에서 발간한 것이었는데, 근본주의자로 알려진 목사 도널드 와일드먼Donald Wildmon의 격문이 실려 있었다. 도널드 와일드먼은 "나는 평생을 살면서 오늘날처럼 예수에 대한 불경과 신성 모독을 목격하리라고는 꿈에도 생각지 못했다"라는 분개의 글을 게재했다. 이로 인해 미국 전역에서 이른바 '문화 전쟁'이 벌어진다. 목사는 무엇을 보았기에 그렇게까지 날 선 글을 쓴 것일까?

사건의 자초지종을 밝히니 우습게도 사진 한 장 때문이었다. 문제가 된 사진의 제목은 '오줌 속의 예수'. 뉴욕 출신의 작가 안드레 세라노Andres Serrano가 찍은 사진에는 배설물 속에서 부유하는 십자가상이 있었다. 얼핏 성령에 충만한 한 편의 예술 작품으로 보일 수 있지만, 여기서 '보이는 것'과 '보이지 않는 것'의 경계에 위치한 예술의 민낯이 모습을 드러낸다. 안드레 세라노는 사건 발생 직후 인터뷰에서 다음과 같이 자신의 심정을 토로한다.

사물을 흑백논리로 구분할 수 없으며, 자신 속에 있는 이중성을 작품화하는 데 사진 작업의 목적이 있다.

문제는 이 작품이 미국문화예술지원기금NEA의 지원금을 받아서 전시회에 소개되고 있었다는 것이다. '오줌 속의 예수'를 비난하는 도널드 와일드먼 목사의 기사가 나오기가 무섭게 미국 각지에서 그를 지지하는 보수주의자들이 보낸 수백 통의 편지가 국회에 쏟아진다. 이 사건은 종교 모독과 관련된 사회 문화적 쟁점을 야기하며 정치적 국면으로 접어든다. 미국문화예술지원기금으로부터 1만 5천달러를 지원받은 안드레 세라뇨의 작품전이 정당한가라는 점이 문제가 되었다.

예술 작품에
경계가 존재하는가

미국발 문화 전쟁이 미국 주요 신문과 미디어에 집중적으로 소개되면서 국가적 차원의 논쟁으로 비화한다. 이 사건은 '헬름스 수정 조항Helm's Amendment'의 상정으로 예술계와 정치권의 갈등에 정점을 찍는다. 헬름스 수정 조항이란 미국문화예술지원기금을 삭감하는 동시에 '가학·피학성 변태 성욕', '동성애', '음란하거나 불쾌한 주제' 등을 다룬 작품에 대해 지원할 수 없다는 정치적 배경에서 탄생한 것이다. 즉, 특정 작품에 대해서는 예술로 인정할 수 없다는 정부 차원의 대국민 선전포고였다.

미국 각지에서 활동하는 예술가와 시민 자유주의자 연맹은 정부의 폭압적인 처사에 분개한다. 그들은 미국 수정헌법 제1조에 명시된 표현의 자유를 침해하는 행위라고 목소리를 높인다. 더군다나 헬름스 수정 조항이 주장하는 가학·피학성 변태 성욕, 동성애, 음란하거나 불쾌한 주제의 기준이 무엇이냐는 것이 분쟁의 요지였다.

229

여기서 인문학의 표현 방식이자 예술의 특징이 등장한다. 인문학이란 정답이 존재하지 않는 분야다. 스스로 질문하고, 의심하고, 과거를 되짚어보는 학문이자 예술의 정체성을 탐구하는 학문이 인문학이라는 사실을 미국 정치가들은 몰랐던 것일까? 꼬리에 꼬리를 무는 안드레 세라노의 작품을 둘러싼 논쟁은 예술과 예술가를 바라보는 미국 극우 정치가들의 일그러진 정치철학을 고스란히 드러낸다.

미국에서 예술의 위상은 건국 초기부터 항상 의심을 받았다. 청교도 정신으로 무장한 미국의 헌법 제정자들은 예술에 대해 회의적이었다. 그들은 예술 작품을 사치이자 낭비, 반민주적 산물로 간주했다. 초창기 미국 교회에서는 예술 작품이나 장식품을 적극적으로 추방했다. 초상화 속 인물의 복장과 배경은 검소하고 평이하게 묘사하도록 주문했다. 이는 문화 예술에 대한 미국 정부 차원의 지원이 얼마나 소극적인가를 보여주는 부분이다.

미국문화예술지원기금의 탄생 배경은 뉴딜 정책과 추상 표현주의를 자랑스럽게 내세웠던 미국의 정치적·경제적 상황을 빼놓고 설명할 수 없다. **미국 정치인들에게 예술이란 국가의 문화 경쟁력을 상징하는 척도였다. 또한 반공 이데올로기 아래에서 국민을 조종하려는 정치가의 의도를 가로막는 장애물이기도 했다.** 이 때문에 공화당 정권이 수립될 때마다 기금의 예산 삭감과 폐지 문제가 도마 위에 올랐고, 정부의 일관성 있는 지원이 이루어지지 못하고 있었다.

미국문화예술지원기금 창설 30년이 지난 시점에서 발발한 안드레 세라노 사건. 그로 인한 미국발 문화 전쟁의 충격은 대조적인 두 가지 문제점을 시사한다. 미국 문화가 죽어가고 있다는 것과 미국 문화가 진보적 가치를 향해 도약할 필요가 있다는 것이다. 우파 정치인과 근본주의자는 전통적인 미국 제일주의를 복원하기를 염원했지만, 진보 정치인과 자유주의자는 국가가 예술을 검열하고 창작의 자유를 박탈한다고 규탄했다.

미국의 예술 관계자들은 안드레 세라노의 작품 때문에 예술가 집단이 비방당하고, 일방적으로 전시회가 철회되며, 재판에 부쳐지고, 지원 기금마저 삭감될 위험에 처하는 등 파장에 놀라움을 금치 못한다.

더욱 충격적인 사실은 1982년 보수성이 짙은 레이건 정권
이 1억 5천만 달러에 이르는 기금을 정리하거나 절반 이상을 삭
감하려고 했던 사건이다. 배우 출신 대통령의 문화 예술 탄압 시
도는 다행스럽게도 무산된다. 이후에 단돈 몇십만 달러의 기금마
저도 삭감하기 위해 보수 정치인들이 총력을 기울이는 촌극이 벌
어진다.

예술 창작의 자유가
보장되지 않는다면

보수주의자에게 미국문화예술지

원기금 논쟁은 단지 예술가에 대한 공적인 지원 여부를 묻는 내

231

용이 아니었다. 이는 더 거대한 사회적 의제, 즉 가족, 기독교, 영
어 제일주의 그리고 가부장적 사회에 기반을 둔 '미국적 가치와
문화'를 지키려는 총성 없는 전쟁이었다. 이 분쟁은 한동안 미국
에서 활동하는 예술가가 자신을 검열하게 하는 부정적인 효과를
낳는다. 결국 타락한 정치가가 살아남고, 예술가의 재능은 무덤
속에 처박히는 악순환을 불러일으켰다.

그렇지만 문화 전쟁은 부분적으로 긍정적인 여파도 있었
다. 예술이란 자율적인 성역에 위치한 존재이지만 이 사건을 계
기로 예술에 대한 정치적 논쟁이 일어나 미술 작품을 평가하는
이해의 폭을 넓히게 된 것이다. 이는 예술과 미적 척도, 재현의 문

제, 정치권력의 상관관계를 인식시키면서 한편으로는 예술의 자율성이 얼마나 중요한가를 깨닫게 하는 데 일조했다. 패권주의 정치라는 악화惡貨가 예술의 자유라는 양화良貨를 구축한 것이다.

미국문화예술지원기금을 둘러싼 예술가 집단과 정치권의 갈등은 그 후로도 오랫동안 계속된다. 에이즈 문제를 심도 있게 다루며 보수주의자를 비판해온 진보 성향 작가의 사진 전시회가 기금 혜택을 받게 된 사건이 대표적이다. 하지만 이 조치는 미국 문화예술지원기금 의장인 존 프론마이어John Fronmayer에 의해 보류된다. 그는 기금을 외설적인 프로젝트에 사용하지 않는다는 서약을 수혜자들에게 강요하여 미술계에 커다란 반발을 불러일으킨다. 결국 예술의 자유를 주장하는 여론에 떠밀려 문제의 전시회는 의장의 재승인을 받는다.

이후 1992년에 당선된 빌 클린턴Bill Clinton 전 대통령은 예술 공동체의 정치적 지지를 받는다. 하지만 클린턴 행정부는 민주당 지지자들의 기대와는 달리 당면한 예술 정책을 해결하는 데만 급급한 태도를 보인다. 오바마 정부 또한 공약으로 내세운 몇 가지 문화 예술 지원 정책에도 클린턴 정부와 비슷한 상황에 봉착한다. 여전히 미국 문화의 중심부에는 권력과 경제적 이익 외에는 관심이 없는 부패한 정치가와 기업가 들이 득세하고 있음을 알 수 있다.

미국은 프랑스처럼 100년 가까이 운영한 문화 예술 지원 기관이나 상징적인 문화 예술 지원 사례가 많지 않다. 이는 제2차

세계대전 이후 군국주의 국가로서 유럽을 포함한 전 세계에 영향
력을 보여주려는 미국 문화 정책의 결정적인 복병으로 작용하고
있다. 이제 문화 전쟁은 미국을 넘어서 세계 패권 국가들이 넘어
서야 하는 태산준령으로 인식되고 있다.

그해 미국은
유치하고 지질했다

예술 비평가 아서 단토Arthur Danto
는 《예술의 종말 이후》에서 다음과 같이 20세기 후반의 미술을
언급한다. 그는 1950년대 중반의 철학과 미술은 인간의 심리 깊
은 곳에 있던 질문에 응답했다고 설명한다. 중산층 미국인들 사
이에서 미래의 삶이 아니라 지금 그대로의 삶을 즐기고자 하는
암묵적인 약속이 이루어졌음을 암시하는 대목이다. 이들의 철저
한 이기주의적 사고는 1960년대 발발한 흑인 인권운동과 여성주
의 운동에 대해 방관하게 하는 비극을 낳는다.

앞서 언급한 미국 내의 두 가지 계급, 즉 백인 중산층 계급
의 종교적 태도와 유색인종으로 대변되는 소외 계급 간의 갈등은
문화 예술의 표현 방식에서도 궤적을 달리한다. 온두라스 출신
아버지와 쿠바 출신 어머니 사이에서 태어난 안드레 세라노 또한
소외 계급으로 성장한다. 그에게 미국이란 국적과 관계없이 유색
인종에 대한 차별이 존재하는 패권 국가에 지나지 않았다.

안드레 세라노의 작품을 보면 종교, 죽음, 섹스라는 금기

233

를 건드리는 음란한 소재들이 줄곧 등장한다. 예술 작품을 통해 관객과 불편한 소통을 지향하는 것이다. 문제는 프랑스보다 수십 년 늦게 출발한 미국의 예술 후원 기준이 예술에 문외한인 정치가의 취향에 따라 휘둘린다는 사실이다. 이를 반대로 해석하면 미국에서 예술이란 정치의 시녀라는 서글픈 결론에 이르게 된다.

다시 정리해보자. 21세기를 살아가는 예술가는 표현의 자유를 인정받는 시대에 살고 있는가? 과연 예술의 잣대는 누가 결정하는가? 음란함의 여부를 정치가들이 결정할 수 있는 일인가? 예술 작품을 통해서 사회적 전복을 암시하는 것은 위법인가? 질문에 선뜻 대답할 수 없음은 우리가 모두 음란하지 못한 감시 사회에 속해 있기 때문이다.

한국에서도 예술인 탄압 사건이 벌어졌다. 군부독재 시대에 행해졌던 '예술인 블랙리스트' 사건의 재현이 바로 그것이다. 정치적 이해관계를 달리하는 예술인은 무조건 국가 예산의 지원에서 배제한다는 해괴망측한 논리가 블랙리스트 사건의 내막이다. 블랙리스트는 존재하지만 누구도 책임이 없다는 고위 공무원들의 발뺌을 보면서 미국보다도 못한 예술인 탄압이 우리나라에서 이루어지고 있음을 확인할 수 있었다.

계절은 시간의 흐름에 따라서 순환을 거듭한다. 하지만 사회가 가두어놓은 음란 정신은 겨울이라는 혹한의 계절에 갇혀 있다. 창작의 자유가 보장되지 않는 나라는 미래가 없다. 정치적 이중성과 생의 부조화는 안드레 세라노의 작품 속에서만 외롭게 존재하지 않는다. 마음속에 숨어 있는 음란함을 끄집어내야만 비로소 갈등 구조에서 자유로워질 수 있다. 중요한 것은 보수냐 진보냐를 따지는 정치적 편 가르기가 아니라 예술을 바라보는 자신만의 독창적인 시각을 가지고 있는가이다. 그렇게 안드레 세라노는 전복의 인문학을 완성한다.

235

슈퍼에서 파는
쾌락 입문서

이미 오래전부터
관계를 한 여자의 수를 세는 것을 포기했다.
하지만 팔십 평생 충분히 2천 명 이상의 이성과
사랑을 나눈 것은 확실하다.

휴 헤프너(1926~)

마릴린 먼로, 샤론 스톤Sharon
Stone, 드류 베리모어Drew Barrymore의 공통점이 무엇일까? 성인 잡지 〈플레이보이〉 표지 모델이었다는 점이다. 미국과 소련의 냉전 상황을 비웃기라도 하듯 탄생한 미국산 누드 잡지 〈플레이보이〉는 주머니가 가벼운 남성들의 두 번째 연인이었다. 잡지의 탄생 연도는 1953년. 사람으로 따지면 올해로 60대 중반에 이르는 묵직한 나이다.

　〈플레이보이〉는 창간호의 표지 모델로 마릴린 먼로를 내세웠다. 창간호는 발행 부수의 80퍼센트에 가까운 5만 4천 부나 판매되는 기염을 토한다. 별다른 홍보나 광고 없이 창간한 저예산 성인 잡지에 대한 미국 대중의 반응은 놀라울 정도로 뜨거웠다.

이후 잡지 창간인 휴 헤프너의 유명한 카피대로 '남성 취향의 쾌락 입문서'로 알려지기 시작한다. 1956년에는 월간 110만 부에 달하는 폭발적인 판매고를 기록한다. 미국 출판 역사상 유례없는 성공의 주인공은 놀랍게도 성인 월간지였다.

성실한 노동과 결단력, 자기통제를 강요하던 1950년대 미국 사회는 〈플레이보이〉의 탄생과 함께 변화의 물결을 맞이한다. 이는 물질적 풍요가 지속되고 개인주의가 등장하면서 성적 자유를 표출하는 통로로서 남성 교양서가 요구되는 시대를 맞이했음을 의미한다. 그로부터 20년의 세월이 흐른 뒤 〈플레이보이〉는 1975년에 무려 800만 부라는, 슈퍼 밀리언셀러 대열에 우뚝 올라선다. 인기의 이유는 간단하다. '훔쳐보기'를 즐기는 열혈 남성 독자들 덕분이었다.

플레이보이
왕국의 최후

〈플레이보이〉는 〈펜트하우스〉, 〈허슬러〉와 함께 미국을 대표하는 3대 성인 잡지로 우뚝 선다. 그렇게 반세기가 훌쩍 흘러간다. 육체파 미녀들의 알몸이 경쟁적으로 등장하는 음화淫畵 잡지는 군대, 학교, 교도소, 우주선 내의 필수품으로 자리 잡는다. 시도 때도 없이 터질 듯한 성욕의 배출구로서 〈플레이보이〉는 성인 잡지계의 노벨 문학상 후보감이었다.

물건이 달린 인류가 멸망하지 않는 한 영원할 것 같았던 플레이보이 왕국에 변화의 물결이 몰아친다. 2016년 3월부터 잡지에 누드 사진을 게재하지 않기로 한 것이다. 그들은 이미 6개월 전부터 인터넷 사이트에 누드 사진을 올리지 않았다. 이 일을 계기로 누드 잡지를 가방 속에 구겨 넣고 다니던 남성들의 일상이 하루아침에 무너진다.

도대체 누가 이런 비극을 초래한 것일까? 범인은 인터넷과 휴대폰이었다. 도색 잡지라는 오명을 쓰고 연명하던 성인 잡지는 선명한 화질로 유혹하는 포르노 사이트와 인터넷에 떠도는 야한 동영상을 당해낼 재간이 없었다. 사람들은 마우스 클릭만으로 이성의 알몸과 적나라한 성행위를 실시간으로 음미할 수 있게 됐다. 휴대폰은 더했다. 이제는 휴대폰 영상을 통해서 마음만 먹으면 언제 어디에서나 식욕에 버금가는 성욕을 채울 수 있다. 미디어의 발전으로 출판물이 사장되는 비극의 중심에 〈플레이보이〉가 있었다.

1964년 문화 비평가 마샬 맥루한Marshall McLuhan은 《미디어의 이해》라는 책을 세상에 내놓는다. 그는 TV와 영화라는 미디어 매체가 미래를 이끌어갈 중요한 소통 수단이라고 예견한다. 사실 비교 문화적 소재와 난해한 해석이 출몰하는 이 책은 이해하기 쉽지 않다. 어떤 대상을 설명하기보다는 현상 자체의 탐색을 보여주려는 글쓰기 방식 때문이다. 문화 예술 작품에 대해 식견이 있다는 사람들조차 쉽게 이해하지 못할 현학적인 내용이 마구잡

239

이로 등장한다.

역사의 아이러니일까. 아니면, 저자가 예측한 대로 본격적인 미디어의 시대가 도래한 것일까. 미디어를 소재로 한 문화 비평 서적의 출간으로 마샬 맥루한은 삽시간에 지식인에서 대중스타로 떠오른다. 방송국에서는 그를 유명 토크쇼의 초대 손님으로 모시기 위해 사력을 다한다. 우디 앨런Woody Allen은 자신의 영화에 단역으로 그를 출연시키기도 한다.

이렇게 마샬 맥루한은 미디어 전문가로서 미디어계의 실상을 몸소 보여준 인물이다. 20세기 미디어의 시대는 캐나다 출신의 이 학자에게 돈과 명예와 인기를 듬뿍 안겨준다. 하지만 대중은 그가 나오는 방송을 시청하면서 미디어를 이해하는 것이 아니라 미디어의 환상만을 학습한다.

미디어는
섹스 머신이다

21세기를 살아가는 인간은 사유보다 찰나의 감각에 집중한다. 400쪽이 넘는 두꺼운 책은 읽기 부담스러워하고, 소셜네트워크서비스에 중독되어 전자책에도 별 관심을 두지 않는다. 뇌과학자들이 미디어 중독의 폐해를 아무리 외쳐보아도 대중은 스스로 정신세계를 파괴하는 데 여념이 없다. 그렇게 미디어는 인간을 조종하고 먹통으로 만드는 괴물로 진화하고 있다.

"미디어는 메시지다"라는 마샬 맥루한의 예언은 부분적으로 맞기도 하고 틀리기도 하다. 그는 미디어를 대중문화의 대표적인 의사소통 매체이자, 문자 시대의 종말을 이끌 존재라고 천명했다. 과연 그럴까? **인간은 깊은 사고를 포기하고 찰나의 쾌락과 편리만을 좇아갈 것인가? 미디어의 노예로, 온갖 영상이 난무하는 원형극장에 갇힌 멍청한 피에로로 전락할 것인가?**

출판 시장을 뿌리째 흔들 것처럼 설레발을 치던 전자책은 아직 존재감이 미미하다. 여전히 독자들은 까끌까끌한 종잇장의 물성을 손끝으로 느끼면서 인생의 페이지를 넘기는 지적인 행위를 사랑한다. 하지만 〈플레이보이〉는 뉴미디어의 물결 아래로 조용히 가라앉는다. 그들은 '섹스 잡지'라는 대외적인 이미지를 스스로 포기한다.

독자는 잡지에 등장하는 누드모델의 알몸에 더는 반응하지 않는다. 이제는 실시간 중계, 그것도 연기가 아닌 실제 성행위가 얼마나 자극적인지가 중요한 척도가 된다. 로마 검투사들이 원형경기장에서 맹수들과 목숨을 건 사투를 벌이는 상황이 재현되는 것이다. 시대와 장소만 바뀌었을 뿐, 세상은 훔쳐보기의 욕망을 끊임없이 확인하는 중이다.

〈플레이보이〉의 운명은 미디어의 마력에 전투력을 발휘하지 못하는 인쇄 매체의 쇠락 과정과 정확히 일치한다. 결국 가치 있는 대상만이 텍스트화되어 살아남는다. '필요한 것'과 '가치 있는 것' 간의 작은 차이가 미디어 시대의 생존 여부를 결정할 것

241

이다. 그렇다고 의식주에 버금가는 성문화가 삶에서 거세해야 할 문화 기생충이라는 말은 아니다.

섹시한 토끼에서
소비하는 토끼로

호랑이는 죽어서 가죽을 남긴다고 했던가. 또 부자는 망해도 삼대를 간다고 했던가. 섹스 문화의 상징이었던 〈플레이보이〉는 죽어서 브랜드를 남긴다. 무슨 말인고 하니, 〈플레이보이〉를 상징하는 '버니' 로고를 앞세운 매출만으로 유명 기업과 어깨를 나란히 하는 브랜드 회사로 변신한 것이다.

2016년 2월 16일, 미국 외교 전문지 〈포린폴리시〉 온라인 판에 따르면 중국에서 발생하는 〈플레이보이〉의 수익 대부분이 잡지 판매가 아닌 로고 사용에 따른 라이선스 수익이라고 한다. 중국에서는 〈플레이보이〉의 판매를 꾸준히 금지해왔다. 미국 문화의 유입에 극단적인 거부감을 가지고 있던 사회주의 국가의 정체성이 여실히 드러나는 대목이다.

현재 플레이보이 사는 라이선스 사업을 통해 중국에서 연간 약 5억 달러의 수익을 올리고 있다. 이는 전 세계 매출의 40퍼센트에 해당하는 어마어마한 금액이다. 그들은 2025년까지 중국 내 매출을 무려 100억 달러까지 끌어올릴 계획이다.

버니 로고는 운동복, 속옷, 가방 등 다양한 상품에 등장한다. 실제 2014년 플레이보이 사의 라이선스 순위는 세계 150대 기업 중에서 58위를 차지했다. 이 모든 것이 〈플레이보이〉가 쏟아냈던 음란함의 위력이라는 데 고개를 끄덕이지 않을 사람은 없을 것이다. 플레이보이 사의 관계자는 버니 로고가 자신이 원하는 것을 소비하는 젊은 남성의 이미지를 표현한다고 말한다. 나비넥타이를 맨 토끼가 현대적인 남성의 정체성인 셈이다.

2017년 2월 13일, 뜻밖의 소식이 전해진다. 〈플레이보이〉가 다시 누드 사진을 게재하기로 한 것이다. 휴 헤프너 사장은 잡지가 누드를 보여준 방식은 구식이지만 완전히 없앤 것은 실수였다고 말하면서 그들의 정체성을 다시 찾으려 한다고 밝혔다.

휴 헤프너는 저렴한 비용으로 성적 욕망을 채워주는 훌륭한 대체물을 개발한 사업가다. 그는 〈플레이보이〉를 단지 음화의 수준에 머무르게 하지 않았다. 잡지가 다룬 수많은 작가의 에세이와 소설, 지식인들의 인터뷰 기사가 이를 증명한다.

243

20세기 후반의 대중은 〈플레이보이〉를 통해서 교양과 성적 욕구, 두 가지를 동시에 충족하는 혜택을 맛보았다. 만약 이 잡지가 모델의 알몸에만 집착하는 행태를 보였다면 이미 오래전에 사망선고를 받고도 남았을 것이다. 그것이 바로 〈플레이보이〉의 생명력이자 경쟁력인 셈이다. 그렇게 그들은 소비 시대의 전설로 이름을 남긴다.

마우스 클릭만으로 이성의 알몸과 적나라한 성행위를
실시간으로 음미할 수 있게 됐다.
로마 검투사들의 목숨을 건 사투가 재현된다.
시대와 장소만 바뀌었을 뿐,
세상은 훔쳐보기의 욕망을 확인하는 중이다.

미친 사람의
미치지 않은 이야기

모두 자신이 미쳤다고 생각하는 모양인데 아니야.

길거리를 버젓이 활보하는 악당들보다는 덜 미쳤다고.

밀로시 포르만(1932~)

대한민국 직장인들이 신조로 삼

는 속담이 있다. "모난 돌이 정 맞는다"라는 자조적인 표현이다.

말이나 행동이 튀면 미움을 사게 된다. 따라서 직장인의 정체성

이란 간단히 말해 '의미 없음'이다. 업무 외에 모든 개인적·사회

적 가치와 깨끗이 결별하는 것만이 출세의 지름길이라는 불편한

진실. 타인보다 한 시간이라도 더 엉덩이를 의자에 밀착해야만

승진이라는 열매를 따 먹을 가능성이 커진다. 여기, 모든 직장인

의 타산지석이 될 만한 후천성 음란남이 등장한다.

　　남성의 이름은 맥 머피. 벌어진 어깨, 문신으로 뒤덮인 팔

뚝, 잔뜩 헝클어진 붉은 머리털, 거친 말투. 이를 종합하면 맥 머

피는 미국 상류사회와는 한참이나 거리가 먼 인물일 가능성이 높

다. 아니나 다를까. 맥 머피가 등장하는 장소는 정신병원이다. 그를 주인공으로 한 작품《뻐꾸기 둥지 위로 날아간 새》는 소설광이나 영화광이 아니더라도 한 번쯤 들었음 직한 제목이다.

　　이 작품은 켄 키지Ken Kesey라는 작가가 1962년 장편 소설로 선을 보인다. 작품의 반응은 그야말로 폭발적이었다. 미국 문단에서는 "삶을 재확인시킨 불꽃 같은 소설", "천재적인 문학성이 돋보이는 작품"이라고 평한다. 문학 평론가들은 켄 키지에 대해서 "뛰어난 통찰력을 발휘하여 독자에게 신선한 자극을 준 작가", "억압된 자유와 강요된 삶에서 벗어나 새로운 가치를 추구하려는 인물을 그려냄으로써 1960년대의 혁명적 변화를 예견한 작가"라고 추켜세운다.

　　소설의 주인공은 작가의 분신으로 보이는 맥 머피라는 인물이다. 인디언 환자의 시각으로 바라본 신입 환자 맥 머피는 체제 순응적인 보통의 환자들과 다르다. 맥 머피는 떠돌이 노동자 출신으로, 자원하다시피 정신병원을 찾아온 인물이다. 그는 병원을 좌지우지하는 권력형 인간의 표본인 수간호사의 물샐 틈 없는 통제 속에서 끊임없이 일탈을 시도한다.

**인생의 전복을
꾀하는 환자**

　　　　　　　인디언 환자가 바라본 맥 머피는 특별한 인간이다. 그는 환자들을 지나치게 통제하려는 정신병원에서 마음껏 자아를 표출할 만큼 강인하고, 무소불위의 권한을 가진 수간호사 앞에서 기죽지 않는 용기를 가지고 있으며, 원초적인 본능을 감추지 않는 음란한 존재다. 맥 머피의 느닷없는 등장 이후, 정신병원 환자들은 조금씩 활기를 되찾는다. 당연히 수간호사는 만만치 않은 적수의 등장에 온 신경을 곤두세운다. 그녀는 맥 머피가 자유의지를 포기해버린 중환자의 대열에 합류하기를 바랄 뿐이다.

맥 머피는 카드 게임을 주도하면서 환자들과 친분을 다진다. 환자들은 그를 향해서 조금씩 마음을 열기 시작한다. 그는 프로야구를 관전하기 위해 병원 측에 TV 시청을 요청하는 등, 환자들의 행복보다는 관리과 통제 위주로만 운영하려는 수간호사의 비뚤어진 운영 방식에 쉴 새 없이 반기를 든다. 그렇게 맥 머피는 수간호사와 함께 병원을 상징하는 또 하나의 인물로 떠오른다. 환자들에게 맥 머피는 자유로운 세상이자 그들을 구원해줄 두 번째 영혼이 된다.

하지만 어떤 사회든 승자가 두 명일 수는 없다. 맥 머피의 영민한 반항은 아쉽게도 정신병원이라는 환경에서 쉽게 받아들여지지 않는다. 수간호사와 맥 머피 간의 작은 전쟁은 출발점부터 달랐다. 하지만 맥 머피는 자유를 몸소 실천하는 인간임을 포기하지 않았고, 결국 이들의 갈등 관계는 극단으로 치닫는다.

수간호사는 왜 맥 머피가 시간과 에너지를 들여 환자들과 함께 바다낚시를 준비하고, 깜짝 파티를 계획하고, 병원 내 농구

249

팀을 코치하는 데 열을 올리는가에 대해서 궁금해한다. 또 왜 그가 환자들의 퇴원 여부를 좌우하는 자신과 대적하기 위해 병원 체류 기간을 두 배로 늘리려 하는지 그 의도를 의심하기 시작한다. 그녀의 목적은 오직 하나다. 맥 머피를 포함한 모든 환자를 자신이 원하는 방식대로 끊임없이 조종하고 통제하는 것이다.

물론 소설을 읽다 보면 수긍할 수 없는 부분이 존재한다. 맥 머피의 돌발 행동은 지나친 감이 있다. 또한 환자들을 인격체로 대하기보다는 맥 머피 자신의 욕망에만 충실한 모습이 눈에 거슬린다. 놀라운 솜씨로 카드 게임에서 승리의 기회를 노리는 도박사 같은 모습이 그렇다. 그는 환자들의 돈을 따기 위해 여러 가지 속임수를 총동원한다. 내용은 다르지만 목적의 성취 과정은 수간호사와 다를 바 없다는 데 문제점이 존재한다.

여기서 작은 반전이 등장한다. 소설 후반부에서 수간호사는 환자들을 선동하려는 맥 머피의 비인간적인 면을 환자들에게 주입한다. 일부 환자는 수간호사의 주장에 동조하지만, 대부분은 맥 머피를 두둔한다. 독자는 맥 머피의 공격적이고 뻔뻔스러운 면모가 아메리카니즘Americanism으로 표현되는 미국적 가치와 어울리며, 상습적으로 환자들의 돈을 따는 도박사적 면모가 자본주의와 어울리는 태도라며 별다른 저항 없이 받아들인다.

뻐꾸기 둥지 아래로
모여든 새

《뻐꾸기 둥지 위로 날아간 새》는 정신병원을 배경으로 하여 거대 권력에 맞서는 개인의 저항을 묘사한 작품이다. '뻐꾸기 둥지'는 속어로 정신병원을 의미하며, 수간호사와 대결을 벌이는 맥 머피는 뻐꾸기를 상징한다. 소설에 등장하는 인디언 환자는 맥 머피를 통해서 자유를 향한 열망을 읽는다.

맥 머피는 결국 인디언과 함께 환자들을 무력으로 다루는 남성 간호사들과 격투를 벌인다. 이는 정면대결보다는 간호사들과의 장기전을 택한 주인공이 원치 않았던 돌발 상황이다. 사실 맥 머피의 저항은 수간호사가 아니라 다른 환자들이 꾸민 일에서 불거졌다. 환자들은 저항 의지가 없는 자신들을 대신하여 간호사들과 싸워줄 대항마가 필요했다. 맥 머피를 이용하여 자신들의 욕망을 해결하려는 환자들은 철저하게 경계인의 범주에서 벗어나지 못한다.

수간호사는 맥 머피의 자유의지를 제거하기 위해 최후의 수단을 선택한다. 그를 중환자실로 보내 강제로 뇌 전두엽 절제 수술을 감행한다. 수술 후 활달하던 떠벌이 맥 머피는 자취를 감춘다. 수간호사와 환자들은 가장 정상적인 인간의 성향을 보여주던 맥 머피를 식물인간으로 만들어버린다. 결국, 인디언 환자는 맥 머피를 살해함으로써 그답지 않은 삶을 끝내버리도록 돕는다.

251

제2의 맥 머피를
기다리면서

저자 켄 키지는 1935년 미국 콜로라도 주 라준타에서 태어났다. 그는 오리건주립대학교에 입학해 저널리즘을 전공하면서 연극 클럽 회원, 레슬링 선수로 활약했다. 이후 스탠퍼드대학교에서 창작과 심리학을 공부했다. 또한 동료의 소개로 환각제의 효과를 실험하는 프로그램에 참여하는 한편, 돈을 벌기 위해 정신병원 야간 보조원으로 일하기도 했다. 그는 이런 경험을 바탕으로 소설을 창작했다.

소설이 탄생했던 1960년대 초반은 물질주의와 보수주의에 반기를 드는 문화운동이 고개를 들기 시작하던 때다. 1950년대에는 비트 세대Beat Generation를 중심으로 한 제체 반항적인 젊은이들이 등장하기 시작한다. 작가 잭 케루악Jack Kerouac, 앨런 긴즈버그Allen Ginsberg 등이 대표적인 인물이다. 이후 1960년대 들어 기성 세대의 권위와 가치관을 본격적으로 부정하려는 움직임이 일기 시작하는데, 히피즘이 바로 그것이다.

켄 키지 역시 히피즘 문화의 영향을 받은 작가다. 그는 작품을 통해서 사회 통념, 관습, 제도를 새롭게 바라보는 시각을 제공하는 데 성공한다. 출간 직후 베스트셀러 목록에 진입한 이 작품은 이후 브로드웨이와 샌프란시스코에서 연극으로 상연되며 커다란 호응을 얻는다. 1963년 켄 키지는 캘리포니아 라혼다의 넓은 토지를 매입하여 히피 공동체를 세운다.

소설의 후반부에서 인디언 환자는 열린 세상으로 나가라는 다른 환자들의 권유에 맥 머피를 살해한 후 병원을 탈출한다. 맥 머피가 원했던 삶을 자신이 대리 실현하기 위해서다. 이 작품은 훗날 밀로시 포르만Milos Forman이 감독하고, 잭 니콜슨Jack Nicholson이 열연해 아카데미 시상식에서 작품상, 감독상, 남우주연상 등 5개 부문을 휩쓴다.

대중문화사를 통틀어 맥 머피에 필적할 만한 음란한 남자는 그리 많지 않다. 불의한 권력에 맞서는 인물의 생이 그리 순탄치 않다는 것을 잘 알기 때문이다. 맥 머피가 원했던 세상은 아직도 도래하지 않았다. 음란한 세상을 위해서 또 다른 이름의 맥 머피가 등장해야 한다. 현대사회는 규제와 욕망으로 돌아간다지만, 변화의 가능성은 늘 존재한다. 언제나 세상은 음란한 맥 머피처럼 포기를 모르는 자의 것이다.

253

음란한
새벽 식사를 위하여

영업시간은 밤 12시부터 아침 7시경까지.
사람들은 '심야식당'이라고 부른다.
손님이 오냐고? 근데 꽤 많이 오더라니까.

아베 야로(1963~)

밥을 먹기 위해 거리에 널린 식당 간판을 둘러본 적 있는 사람은 잘 알 것이다. 세상은 넓고 음식점은 많은데, 정작 먹고 싶은 음식은 별로 없다는 서글픈 사실을. 우리에게 필요한 것은 무엇일까?

누군가가 차려준 소소한 집밥이 아닐까. 세상은 지금 '먹방' 열풍이 한창이다. 방송은 먹는 즐거움이 삶의 전부라는 듯 환상을 전파하는 데 여념이 없다. 조미료와 자극적인 향신료가 잔뜩 들어간 음식은 일종의 환상이다. 환상이 무너지는 순간, 사람들은 또 다른 세상을 염원한다.

음식에도 격이 있다. 인간의 미각을 자극하기에 바쁜 돈벌이용 음식이 있는가 하면, 외롭고 지친 마음을 어루만져주는 고

마운 음식도 존재한다. 아베 야로安倍夜郎의 만화 《심야식당》은 허기진 독자들을 위해 격조 높은 한 끼를 제공한다.

　일본 대도시 한복판에 기묘한 식당이 문을 연다. 이름하여 '심야식당'. 그곳은 대부분 음식점이 문을 닫는 자정이 되어서야 영업을 시작한다. 돼지고기 된장국 정식, 맥주(대), 청주(두 홉), 소주(한 잔), 주류는 1인당 세 병(석 잔)까지. 메뉴는 이것뿐이다. 식객들은 심야식당 주인을 '마스터'라고 부른다. 얼굴에 커다란 칼자국이 난 중년 남성이 혼자 운영하는 이곳은 그날그날 손님이 원하는 음식을 만들어준다. 단, 재료가 없으면 어렵고.

　심야식당의 단골손님들을 소개할 차례다. 조폭 간부인 켄자키 류. 말투는 거칠지만 마음 씀씀이가 나쁘지 않은 건달이다. 근처에서 48년 동안 게이 바를 운영해온 코스즈는 늘 친절하고 섬세한 성격의 소유자다. 동거 남녀인 61세의 진과 21세의 에리카는 40년의 나이 차를 극복하고 연인으로 지내는 중이다. 트로트 가수 치도리 미유키는 자신의 직업을 사랑하는 긍정적인 사고방식의 음악가다. 늘 다이어트를 시도하지만 타고난 먹성으로 실패하고 마는 마유미는 식성처럼 넉넉한 심성을 지닌 노처녀다.

　이들이 찾는 음식은 생전 들도 보도 못한 산해진미가 아니다. 마음만 먹으면 쉽게 구할 수 있는 재료를 가지고 손님들의 기호에 맞게 요리한다는 것이 특징이다. 그래서 심야식당의 마스터가 만들어주는 음식은 친근하면서도 구미가 당긴다. 우리네 인생사처럼 할까, 말까 하는 일종의 간 보기가 수반되지 않는다.

추억을
만들어드립니다

　　　　　　　붉은색 비엔나소시지, 어제의 카레, 구운 김, 어묵, 명란젓, 가쓰동, 감자 샐러드, 오이절임, 라면. 이 얼마나 정감 넘치는 음식들인가. 혼자 마시는 술자리의 안주로도 부담이 없는 친근한 메뉴들이다. 《심야식당》은 단락마다 등장하는 새로운 메뉴처럼, 독자를 놀라게 하거나 자극을 주려고 서두르지 않는다. 말 그대로 손님끼리 마음을 나눌 수 있는 성찰 넘치는 만화를 지향한다.

　　　　자본주의 시장에서 판매자와 소비자는 수요 공급의 원칙에 따라서 갑을 관계가 뒤바뀌곤 한다. 예를 들어 독과점을 형성한 가전제품의 경우, 제조사의 입맛에 따라서 가격이나 공급 기간이 정해진다. 독점의 폐해는 소비자를 시장의 노예로 추락시킨다. 반대의 경우도 존재한다. 수요는 한정되어 있지만 공급이 늘어나는 경우다. 자영업자가 넘치는 한국이 그러하다.

　　　　심야식당은 앞서 언급한 두 가지 상태 모두에 속하지 않는다. 전통적인 자본주의 시장 구조를 초월하는 이상적인 식당이다. 이곳에서는 손님이 주인이고, 주인이 손님이 되는 순간 이동이 자유롭다. **주인의 권리도, 손님의 권리도 모두 평행선을 그리면서 조화를 이룬다. 누구도 자신만의 영역을 고집하려 들지 않고, 누구도 상대방의 세계를 마음대로 허물려 들지 않는다. 따라서 심야식당에 모이는 이들은 새로운 가족 형태를 띠기도 한다.**

마스터를 포함한 식객들의 공통점은 무엇일까? 정답은 인문학에서 관심 있게 다루는 이른바 '비주류 정신'이다. 그들은 출퇴근 시간을 준수하는 체제 순응적인 월급쟁이가 아니고, 엄청난 유산을 물려받은 금수저도 아니며, 이름 석 자만 대면 알 만한 유명인사도 아니다. 이들은 고달픈 생의 비탈길을 힘겹게 넘나드는 친근한 이웃이자 자본의 논리에서 소외되고 핍박받는 소시민이다.

가끔은 괜찮네, 남이 만들어주는 것도

앞서 언급한 문화 콘텐츠들과 비교하여 《심야식당》에 등장하는 음식의 음란성은 파장이 적다. 하지만 대형 공연장에서 감상하는 클래식 기타 소리의 여운처럼, 잔잔하지만 여운이 오래가는 맛의 매력이 만만치 않다. 빨리 끓는 냄비가 빨리 식는다고 하지 않던가. 요란스러운 치장보다는 단출하고 소박한 장신구가 오래도록 은은한 멋을 발하는 것과 같은 이치다.

실제로 손님이 원하는 갖가지 음식을 즉석에서 만들어주는 음식점은 존재하기가 쉽지 않다. 드나드는 손님이 엄청나게 많아서 회전율이 빠르다면 모를까. 주인 혼자 운영하는 식당에서 싱싱한 식재료로 즉석에서 요리한 음식이 나온다는 점에서 심야식당만의 묘미를 발견할 수 있다. 만화를 포함한 창작물은 현실에서 흔히 접할 수 없는 소재를 차용한다. 독자는 만화적 상상력을 가미한 창작물을 통해서 현실을 재조립하고 음란한 미래를 꿈꾼다.

전직 조폭으로 추정되는 심야식당 마스터에게 모든 식객은 지극히 평등하다. 그중에서 멀리하고 싶은 손님도 있지만, 주인은 그런 감정을 표현하기를 꺼린다. 왜냐하면 이곳은 평등하고 자유로운 소통을 구현하기 위해 만들어놓은 작은 유토피아니까.

책 마지막 페이지에 나오는 글을 소개한다.

> 야근하느라 지친 사람도, 사랑이 깨져서 우는 사람도, 꿈을 잃고 실망하는 사람도, 일상의 즐거움을 잃어버린 사람도, 일에 쫓기는 사람도, 상사를 잘못 만나서 하소연하고 싶은 사람도, 행복해서 날아오를 것 같은 사람도 배를 채우고, 마음도 채우고, 모두 웃는 얼굴로 돌아가는 거리 한 구석의 안식처.

손님들은 심야식당에서 잃어버린 삶의 의미를 되찾고, 지난날의 상처를 치유하고, 새로운 사랑을 염원한다. 마스터는 그들을 위해서 정성스레 주문한 음식을 만든다. 소소하지만 여운이 오래 남는 음식으로 사람들을 위로하고, 즐거움을 선사하며, 용서와 이해를 완성하는 것이다.

우리가 꿈꾸는 식당을
찾아서

아무 때나 찾아가도 가벼운 눈인사와 함께 한 끼 식사를 해결할 수 있는 곳이 주변에 존재할까 생각해보았다. 아쉽게도 모두 사라지고 없더라. 학창 시절 가끔 들르던 중국 음식점이 있었지만 주인이 바뀐 지 오래다. 광화문 근처에 반찬을 맛있게 하는 밥집이 있었지만 술집으로 간판을 바꿔 단 지 오래다. 결국, 퇴근길에 부담 없이 술 한잔을 걸칠 수 있는 홍대 앞의 음악 카페 정도가 단골집의 전부다. 주문하는 음식을 즉석에서 만들어주는 음식점은 고사하고 마음 편히 갈 수 있는 음식점 자체가 없더라.

돌이켜보니 서울 곳곳에 맛집이 수백 군데가 있다지만 심야식당처럼 주인과 손님의 연대가 가능한 보금자리는 존재하지 않는다. 이유가 무엇일까. 경기 불황에 따른 자영업자의 폭발적인 증가와 치솟는 월세 부담 때문이 아닐까 싶다. 경제적으로 힘들어지다 보니 단골손님에게 인색해지고, 손님도 특정 음식점에 마음을 둘 만한 정신적 여유가 없어진 것이다. 일 년이 멀다 하고 간판이 바뀌다 보니 관계의 지속성은 먼 나라의 이야기가 되었다.

모든 사람이 자신이 원하는 음식을 먹을 권리가 있다는 것. 하지만 재료가 없으면 다른 손님이 원하는 음식을 공유할 수 있다는 것. 심야식당에서 풍기는 음란함은 공정사회의 구현이다. 계급도, 명예도, 재물도, 권력도 존재하지 않는 맑고 투명한 세상이 심야식당에서 매일 밤 펼쳐진다. 여러분에게도 가벼운 발걸음으로 부담 없이 찾아갈 수 있는 마음의 식당이 있는지 묻고 싶다. 우리도 이런 식당 하나쯤은 가지고 살아야 하지 않을까.

너는 충분히
음탕한 인간이다

사랑 없는 섹스는 무의미한 경험이다.
하지만 무의미한 경험도 때론 굉장히 좋은 것이다.

우디 앨런(1935~)

프랑스인 선남선녀가 등장한다.
아내는 초록색 눈망울을 가진 팔등신의 미인이고, 남편은 돈 걱정일랑 없는 천하의 한량이다. 슬하에 자식은 없다. 그들에게 넘쳐나는 것은 시간과 돈 그리고 욕망이다. 위태로워 보이는, 권태기에 빠진 지 오래된 부부 같다. 과연 그들의 일상은 어떻게 전개될까. 프랑스 부부의 사랑법이 조금 특별하다.

부부의 사생활을 슬쩍 들여다보자. 서로 아끼고 사랑하는 것은 맞는데 사랑의 방식이 특이하다. 방문객에게 자신의 아내를 잠자리 상대로 선물하기, 남편의 권유에 따라 그룹 섹스 즐기기, 아내에게 동성애를 적극적으로 권하기. 아내도 남편 못지않다. 그녀는 유명하다는 성 전도사를 찾아가 자위 기술을 배운다. 이들은 하루 24시간을 오로지 섹스에만 몰두하는 성적 인간들이다. 1970년대 유럽 침실을 뒤흔들었던 영화 '엠마뉘엘 부인'의 줄거리다.

원작은 1963년 소설로 출판 시장에 첫선을 보인다. 당시 책 표지에는 저자에 관한 아무런 소개가 없었다. 소설은 출간되자마자 프랑스 문학계와 진보적인 지식인들 사이에 커다란 반향을 일으킨다. 성애 소설《엠마뉘엘 부인》이 유럽을 대표하는 '섹스 혁명서'로 자리매김한 문학적 대사건이었다. 독자들은 소설에 등장하는 엠마뉘엘 부부의 음란한 사생활에 환호했다. 하지만 성행위만 노골적으로 묘사하는 소설이었다면 수명이 그리 길지 않았으리라.

5년이 흘러 소설은 재판 작업에 들어간다. 독자들이 궁금해하던 베일 속 작가의 이름은 엠마뉘엘 아루상Emmanuelle Arsan이었다. 작가의 이름만 소설 제목과 비슷한 것이 아니었다. 작가는 작품 속 주인공이 바로 자신이라고 폭탄선언을 한다. 독자들은 작가의 커밍아웃에 열화와 같은 지지를 보낸다. 당연히 소설의 인기는 유럽을 뛰어넘어 세계로 뻗어 나간다. 〈뉴욕타임스〉는《엠마뉘엘 부인》이 평범한 에로 소설의 지평을 뛰어넘는 수작이며, 새로운 시대를 여는 주목할 만한 성 철학서라고 극찬한다.

1974년, 소설은 영화로 재탄생한다. 네덜란드 출신의 모델 실비아 크리스텔을 주연으로 한 영화는 그야말로 대박을 친다.

짧은 머리에 한쪽 다리를 꼰 채 관객을 응시하는 키 176센티미터의 여배우는 이 영화로 일약 세기의 섹스 심벌로 떠오른다. 미국의 전설적인 섹스 심벌인 마릴린 먼로에 대한 프랑스의 응답이었다. 실비아 크리스텔은 이후 소설《채털리 부인의 연인》을 영화화한 '차타레 부인의 사랑', '마타하리', '개인교수' 등 성애 영화의 단골 주연으로 활약한다.

자위행위
불변의 법칙

남성들은 왜 엠마뉴엘 부인에게 환호했을까? 먼저 '억압의 이중구조'를 이해해야 한다. 인간은 끊임없이 억압에서 벗어나고자 한다. 성인 남성의 90퍼센트 이상은 자신만의 수음 역사를 간직하고 있다. 차디찬 방구석에서 두루마리 휴지를 움켜쥐고 부지런히 용두질을 해댔던 어둠의 기억을 말이다.

일촉즉발 사정의 순간이 도래할 때 두 가지 감정이 교차한다. 배설의 쾌감과 금기를 어겼다는 죄책감이다. 그렇게 자위행위란 몰래 해야만 하는 저열한 게임이라는 가설이 성립된다. 누구도 자위행위를 적극적으로 권장하지도, 반대하지도, 칭찬하지도 않는다. 이는 사회의 음지에서 반복되는 금단의 손목 운동일 뿐이다.

자위행위자는 혈기왕성한 청소년기부터 억압의 구조를 스

스로 학습해야만 한다. 사회 문화적으로 형성된 억압 본능은 육체적·정신적 폭력으로 변질되기도 한다. 헤어진 애인에 대한 신체적 폭력, 여성 비하 발언, 직장 내 성추행 사건 등등.

섹스란 여성이든 남성이든 연인, 동거인, 부부 정도를 제외하고는 아무 때나 마음껏 즐길 수 있는 육체 행위가 아니다. 사람들은 외설적인 광고, 이미지, 영화, 텍스트에 무방비로 노출되어 있다. 그들의 혈관에는 원하는 만큼 섹스를 즐기려는 뜨거운 피가 흐른다. 문제는 말이 쉽지 행동으로 옮기기가 만만치 않다는 것이다. 잘못했다가는 성추행범으로 몰릴 가능성도 있다.

대중은 때때로 쉽고 간편하고 간접적인 성행위를 필요로 한다. 섹스가 자본의 경계 속으로 진입하는 순간, 돌연변이적인 음란성을 부여받는다. 이는 돈으로 살 수 있는 섹스를 의미한다. 하지만 세상의 모든 매력 남녀를 돈으로 살 수 있는 자는 극히 일부의 권력가 또는 자본가뿐이다. 그들의 성생활은 일부다처제 또는 축첩제를 당연시하는 중세 영주의 삶과 다르지 않다. 서민이 중세 영주의 자유분방한 성생활을 흉내 내기란 불가능하다. 자본주의 사회에서 중산층 이하 계급으로 연명하는 자라면 누구라도 인정할 수밖에 없는 현실이다.

섹스를 도구로 삼아 경제적 이득을 선점하려는 미디어의 전략은 단순명료하다. 주머니가 가벼운 이들의 성적 판타지를 영화, 광고 등의 도구로 찔끔찔끔 실현시켜주는 것이다. 여기서 섹스란 황금알을 낳는 거위다. 남성들은 엠마뉴엘 부인을 통해 성적 카타르시스를 대리 체험할 수 있었다. 영화는 당시 영상 자본의 틈새시장을 절묘하게 공략했다.

프리섹스 시대라 하기에는 부족했던 1970년대. 당시 등장한 엠마뉴엘 시리즈는 수많은 성인 남녀들의 성적 판타지를 실현시켜준 고마운 영화였다. 실비아 크리스텔은 고상하고 품위 있는 섹스가 가능하다는 사실을 알려준 멋진 섹스 여신이었다. 그녀는 영화를 통해 모델이 아닌 배우로서 두 번째 삶을 시작한다.

그렇지만 작품의 문제점도 적지 않았다. 20세기는 여성의 성적 지위가 남성보다 현격히 낮은 시대였다. 따라서 여자의 성생활이란 가부장적인 가정 내에서만 통용되는 것이었다. 유럽의 문화 선진국이라고 불렸던 프랑스에서조차 엠마뉴엘 부부는 급진적인 성 해방론자였다. 영화를 살펴보면 엠마뉴엘 부인은 결혼 초기에 남편의 성적 욕구에 부응하는 정도의 존재에 불과했다.

만약 그녀가 스스로 성에 눈을 뜬 신여성으로 스크린에 등장했다면 어땠을까? 원작의 저자도 그 정도의 스토리텔링은 충분히 상상했으리라. 이를 소설화하기에는 아직 깨지 못한 사회가 부담스러웠을까? 당시 유럽의 기독교 사상은 자유로운 섹스를 금지하고 강요된 순결만을 고집하고 있었으니 말이다.

267

엠마뉴엘 부인은
음란한 여인일까

영화 '엠마뉴엘 부인'은 절반의 성공작이다. 삽입 성교만을 고집하는 원칙주의자들에게는 성적 판타지를, 마초들에게는 여성 해방의 중요성을, 수동적 섹스 행위만을 반복하던 아내들에게는 성적 해방의 환희를, 보수 성향의 지식인들에게는 적절한 수치심을, 음지에서 방황하던 동성애자들에게는 대리만족의 카타르시스를 제공했다.

아쉽게도 엠마뉴엘 부인은 남편의 철저한 지휘 조작 아래서 수동적으로 성적 일탈을 즐겼다. 남근 사상에 물든 남성 관객은 영화에서 실비아 크리스텔의 수동적인 음란함에 열광했을 것이다. 하지만 그 속에 숨겨진 가부장적 사회에 대한 반성은 아쉽게도 생략되었다. 남성의, 남성에 의한, 남성을 위한 음란한 영화가 바로 '엠마뉴엘 부인'의 정체다.

올해로 영화가 개봉한 지 무려 40년이 흘렀다. 과연 세상은 충분히 음란하게 진보했을까? 안타깝게도 아직 멀었다. 여전히 자유로운 섹스는 후천적인 사회 관계망에 통제당하는 욕망 덩어리로 부유 중이다. 이제는 성문화에도 숨 쉴 공간이 필요하다. 언제까지 성문화를 폐쇄 회로 속에서 작동하는 부품으로 천대할 것인가?

영화 '엠마뉴엘 부인'은 우리에게 작은 화두를 던진다. 21세기를 살아가는 당신은 얼마나 음란한지, 그리고 얼마나 자신의 욕망에 충실한지를 말이다. 눈을 감기 직전에야 원했던 삶을 살지 못한 아쉬움을 토로하는 이들의 모습이 보인다. 그들은 평생토록 음란한 삶을 원했지만 단 한 번도 음란하지 못했던 과거를 뒤늦게 후회한다.

이제 남은 시간이 별로 없다. 음란하지 못했던 인생에 대한 회한을 움켜쥐고 눈을 감기에는 억울하지 않은가? 내면 깊숙한 곳에 묻어놓은 음란함을 찾아내자. 궁극적인 삶의 가치란 태초의 음란한 정신을 잃지 않는 것이다. 지금이라도 서두르자.

269

경제적 이득을 선점하려는 미디어의 전략은 단순명료하다.

주머니가 가벼운 이들의 성적 판타지를

섹스라는 도구로 실현시켜주는 것.

남성들은 엠마뉴엘 부인을 통해

성적 카타르시스를 대리 체험한다.

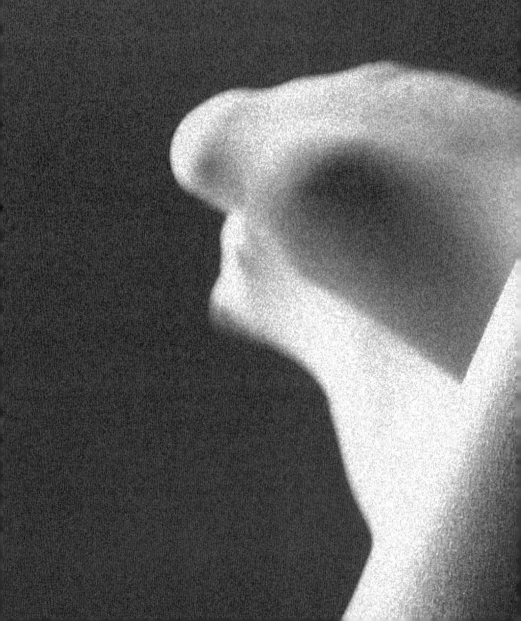

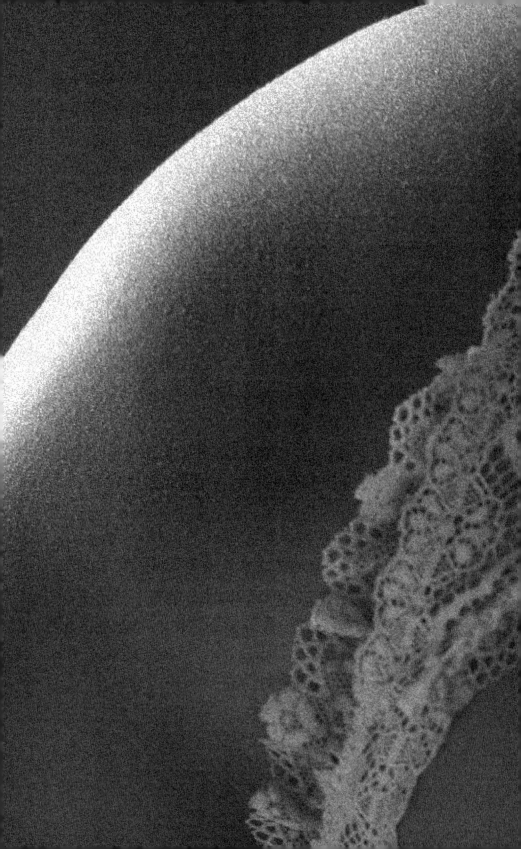

음란의 필터로
세상을 꿰뚫어보라

독자들은 어떤 생각을 하면서 이 책을 집어 들까? 독자가 생각하는 음란함이란 무엇일까? 책을 쓰는 동안 이런 생각이 뇌리를 떠나지 않았다.

섹스를 원하는 이는 많지만, 자유롭게 섹스를 표현하는 이는 흔치 않다. 유교 문화권에서 성장한 동양인의 경우 이런 현상이 더욱 심하다. 지금까지 음란함이란 저속하고 비루한 하위 단어로 취급되었다. 의식주에 비견될 정도로 우리 곁에 가까이 있지만 찬밥 신세를 면치 못했다. 하지만 여기에 인문학이라는 거대 담론을 추가하면 이야기가 달라진다.

권명아는 《음란과 혁명》에서 풍기문란에 관한 한국의 시대착오적 통제와 검열의 역사를 설명한다. 풍기문란을 통제하는 행

273

위, 이와 관련한 법제와 법의식이 국가보안법만큼이나 오래된 식민지의 잔재이자 구시대의 유물이라고 말한다. 통렬한 자기반성 없이는 시대착오적 통제가 끊임없이 부활할 수밖에 없다는 저자의 지적에 고개가 절로 끄덕여진다. 우리에게 필요한 것은 체제 순응적인 싸구려 성공 논리가 아니라 섣부른 타협을 거부하는 음란 정신이니까 말이다.

인문 정신이란 자기만의 시각으로 세상을 재편집하는 능력이라고 했다. 사회적 성공보다는 의미 있는 삶, 결론보다는 과정을 중시하는 삶, 다수만이 아니라 소수도 배려하는 삶, 물질보다는 정신을 우선시하는 삶을 살아야 한다. 무엇 하나 쉽지 않지만 눈을 감는 순간까지 포기할 수 없다. 살면서 마주치는 온갖 고난과 역경의 시간을 이겨낼 수 있는 최후의 보루는 바로 음란한 인문 정신이기 때문이다.

내가 서 있는 위치를 자각한다는 것. 나의 말과 행동을 한 걸음 떨어져서 살필 수 있다는 것. 나와 타자의 사상적 거리를 늘 염두에 둔다는 것. 세상의 불편부당함을 좌시하지 않는 용기와 담대함을 가진다는 것. 얼핏 비슷해 보이는 평범한 삶들을 다르게 본다는 것은 권력이나 성공만을 좇으며 사는 삶과는 거리가 먼 신선한 모험이 될 것이다.

이제 음란한 인생과 마주할 각오가 되었는가? 그렇다면 절반의 승리를 축하해주고 싶다. 나머지 그림은 당신의 내면에 깃든 음란함에 달려 있다.